Der
süße Duft
des
Erfolgs

SABINE ASGODOM

Der süße Duft des Erfolgs

SOUVERÄN AUF
EIGENEN WEGEN

Kösel

Verlagsgruppe Random House FSC® N001967
Das für dieses Buch verwendete FSC®-zertifizierte Papier
Classic 95 liefert Stora Enso, Finnland.

Copyright © 2014 Kösel-Verlag, München,
in der Verlagsgruppe Random House GmbH
Umschlag: Weiss Werkstatt München
Umschlagmotiv: shutterstock
Satz: Claudia Mayer, München
Druck und Bindung: GGP Media GmbH, Pößneck
Printed in Germany
ISBN 978-3-466-31005-0

Weitere Informationen zu diesem Buch und unserem gesamten
lieferbaren Programm finden Sie unter
www.koesel.de

INHALT

»Liebe Frau Asgodom. Sie haben vor vier Jahren mit mir während einer Veranstaltung in Hamburg ein Highspeed-Coaching gemacht. Ich hatte Sie damals gefragt, ob ich ein Kind bekommen oder lieber an meiner Karriere weiterarbeiten sollte. Sie hatten mir geantwortet: ›Folgen Sie Ihrem Gefühl!‹ Das Gefühl ist jetzt drei Jahre alt und heißt Fritz. Und beruflich bin ich erfolgreicher als je zuvor. Vielen Dank.«

DER SÜSSE DUFT DES ERFOLGS

Kennen Sie diese Sehnsucht nach Leichtigkeit? Danach, dass Dinge sich so entwickeln, wie Sie es sich wünschen? Wie schön wäre diese Leichtigkeit, wenn Entscheidungen zu treffen sind. Wie gut würde sich Leichtigkeit beim Handeln anfühlen? Wie hilfreich wäre Leichtigkeit, um gewünschte Veränderungen anzupacken? Und Leichtigkeit im Umgang mit anderen Menschen würde uns dazu bringen, unsere Zeit mit den richtigen Menschen zu verbringen.

Dieses Buch soll Ihnen diese Leichtigkeit schenken. Es soll Last von Ihren Schultern nehmen, sodass Sie sich aufrichten und entspannen können. Dieses Buch soll Ihnen Souveränität geben. Es soll Ihnen helfen, einen klaren Blick auf die Dinge zu werfen, die wichtig für Sie sind, und die Aussicht auf den Weg dorthin ermöglichen. Es soll Ihnen die Energie geben, die Sie brauchen, um Ihre Ziele zu erreichen – und anschließend den Erfolg zu genießen. »Der süße Duft des Erfolgs« soll Sie beschwingt auf Ihre Ziele zugehen lassen. Er soll nicht nur Ihre Gedanken beflügeln, sondern auch Ihre Sinne befeuern, denn je sinnvoller Sie leben, umso eher erreichen Sie Ihren Erfolg.

Ich liebe das Wort Erfolg, denn es ist wesentlich weiblicher und bunter als das Wort Karriere. Denn weiblicher Erfolg lässt sich mit Parfum vergleichen: Jede Frau präferiert einen andern Duft. Er muss zu ihr passen, ihr schmeicheln, mit ihrer Haut, und das heißt mit ihrer Persönlichkeit, harmonieren. Manche Frauen wählen anregende Düfte, andere entspannende. Manche wollen belebende Aromen, andere blumige Frische; Sommerduft oder Boudoir. (An der Probe meines Erfolgs-Dufts haben Sie vielleicht schon geschnuppert, gleich mehr dazu.)

So wie jede Frau eine Persönlichkeit ist, so hat sie auch eine persönliche Erfolgsvorstellung: Jede Frau kann für sich selbst definieren, was sie als Erfolg empfindet. Herkömmliche Erwartungen gelten nicht (mehr). Erfolg kann natürlich Karriere sein, ganz oben mitzuspielen, Teams, Abteilungen, Bereiche oder Unternehmen zu leiten. So wird Erfolg in unserer Gesellschaft meist als erstrebenswert propagiert. Doch der persönliche Erfolg beinhaltet viel mehr Optionen. Sie finden hier einige völlig unterschiedliche Erfolgsmodelle von Frauen von A bis Z:

– Für Anna bedeutet Erfolg ganz klar den beruflichen Aufstieg, mit vollem Engagement und der Bereitschaft, den zeitlichen Preis dafür zu bezahlen. Sie wollte und hat keine Kinder.

– Für Bianca ist Erfolg, ihre kreativen Talente in einen Beruf einzubringen und Sinn zu finden, in dem, was sie tut.

– Cindy sieht ein erfülltes erfolgreiches Leben in einer zeitlichen Balance von Zeit am Arbeitsplatz und in der Familie.

– Doreen, alleinerziehende Mutter von zwei Kindern, hat sich aus der Arbeitslosigkeit mühsam zurück in den Beruf gearbeitet. Für sie bedeutet Erfolg, dass sie unabhängig von Ämtern geworden ist.

– Elsa liebt ihr Puzzleleben, sie langweilt sich leicht und liebt die Abwechslung, probiert immer wieder Neues aus.

- Felicitas will sich selbstständig machen, sie hat ein deutliches Erfolgsbild im Kopf und bereitet alles dafür vor.
- Gisela möchte nach 35 Jahren Arbeit kürzer treten und mehr Zeit für sich haben. Sie verhandelt mit ihrem Chef über eine Drei-Tage-Woche.
- Hannelore möchte mit ihrer Familie gesünder leben und stellt mit viel Energie ihre Lebensweise um.
- Irene reist als Unternehmerin weltweit zu ihren Geschäftspartnern und freut sich über gute Abschlüsse und verlässliche Partner.
- Jana möchte ihre Lebenserfahrung in der Arbeit mit anderen einbringen und macht noch einmal eine Ausbildung.
- Kerstin geht mit Leib und Seele in ihrem Beruf als Erzieherin auf. Sie ist erfüllt von ihrem Beruf und vermisst weder Geld noch Aufstiegschancen.
- Lara schafft es trotz ihrer Schüchternheit, auf Kunden zuzugehen und sie von ihrem Angebot als Grafikerin zu überzeugen.
- Maren kümmert sich neben ihrer 20-Stunden-Woche im Büro um ihre eigenen Kinder und in einer Jugendgruppe um Jugendliche aus der Gemeinde.
- Natascha hat neben ihrer Arbeit das Abitur nachgemacht und den Betriebswirt (IHK) geschafft. Jetzt will sie den nächsten Karriereschritt machen.
- Olivia hat nach einem schweren Unfall wieder laufen gelernt und kann wieder selbstständig in ihrer Wohnung leben.
- Petra hat ihren Traumjob gefunden. Die Firma liegt zehn Minuten von ihrem Zuhause entfernt, und sie kann sich nichts Schöneres vorstellen.
- Renate hat sich neben ihrem Job mit einem Direktvertrieb selbstständig gemacht und investiert Zeit und Energie für ihren Erfolg.

- Susanne ist im Vorstand eines Großkonzerns, ihre drei Kinder haben eine Nanny, die Eltern wohnen nebenan, und ihr Leben bedarf einiges an Organisationstalent. Susanne geht in ihrem Beruf auf.
- Tamara hat für eine Arbeitsstelle ihren Heimatort in Mecklenburg-Vorpommern verlassen, sie lebt in Frankreich und arbeitet in der Schweiz. »Ja«, sagt sie, »das hat sich gelohnt.«
- Ute, von Beruf Diplom-Psychologin, engagiert sich seit vielen Jahren politisch und ist jetzt erneut in den Bundestag gewählt worden.
- Vera freut sich über ihren »Unruhestand«, wie sie ihr Leben als frischgebackene Rentnerin nennt. Sie hat sich ganz viel vorgenommen.
- Wiebke liebt es zu lernen und möchte immer wieder Neues erleben. Dafür ist sie bereit, Geld und Zeit zu investieren.
- Xenia hat nach 20 Jahren Familienarbeit den Wiedereinstieg ins Berufsleben geschafft und eine interessante Stelle in einer Bank gefunden.
- Yasmin hat sich als Friseurmeisterin vor drei Jahren mit einem eigenen Salon selbstständig gemacht und hat vier Angestellte. Sie selbst arbeitet manchmal 60 Stunden in der Woche, und weiß wofür.
- Zita hatte mit fünfzig das Gefühl, das konnte in ihrem Leben doch noch nicht alles gewesen sein. Sie hat übers Internet einen Mann gefunden, der ihre Liebe zur Natur teilt, und ist viel mit ihm unterwegs.

Ja, solche Frauen, die ich persönlich kenne, fühlen sich erfolgreich. Sie sind stolz auf das, was sie leisten und würden mit niemandem tauschen wollen. Sie haben sich Ziele gesetzt und viele davon erreicht. Sie haben Träume und wissen, dass sie manche erreichen können und dass manche vielleicht Träume bleiben werden. Und diese Frauen sind neugierig auf das, was ihnen das Leben noch alles zu bieten hat. Sie sind nicht perfekt und trotzdem glücklich – meistens jedenfalls. Denn es ist ein Wahn anzunehmen, dass ein geglücktes Leben nur von unserer Planung und unserem Fleiß abhängt.

Damit Sie in den ersten Minuten, die Sie in diesem Buch blättern, wissen, worauf Sie sich einlassen, beschreibe ich Ihnen hier eine erste einfache Übung zu mehr Leichtigkeit, nennen wir sie das »Erfolgs-Bild«.[1]

Sie brauchen für die Übung:
- etwas Raum (das kann in der Mittagspause im Büro sein, zuhause in Wohnzimmer oder Küche oder auch draußen in der Natur),
- etwas Zeit (ca. 15 Minuten) und
- ca. 20 bis 30 bunte Blätter, Karten oder Post-its.
- Und vielleicht eine Freundin, die Sie in dieser Übung begleitet und Ihnen beispielsweise den Ablauf vorliest.

Stellen Sie sich in den Raum und denken Sie an ein Ziel, das Sie erreichen möchten. Nehmen Sie nun ein paar Karten und legen Sie sie auf eine Stelle, die Ihr Ziel darstellt. Stellen Sie sich auf dieses gedachte Ziel, schließen Sie die Augen und spüren Sie, wie es sich anfühlt, an diesem Ziel angekommen zu sein. Nehmen Sie sich dafür ruhig Zeit, lassen Sie Ihre Gedanken kommen. Jetzt öffnen Sie die Augen wieder und suchen sich einen Platz im

---

[1] Entwickelt wurde diese Übung ursprünglich von dem österreichischen Arzt und Familientherapeuten Dr. Harry Merl. Er nennt die Übung »Gesundheitsbild« und hat sie in der Arbeit mit Patienten entwickelt. Dr. Merl empfiehlt sie allen Menschen, die Energie brauchen, um ihre Ziele zu erreichen.

Raum, der Ihre derzeitige Ausgangsposition beschreibt. Von hier aus sehen Sie, wie weit Sie noch vom Ziel entfernt sind. Markieren Sie den Ausgangspunkt ebenfalls mit ein paar Karten.

Der nächste Schritt: Stellen Sie sich auf den Ausgangspunkt, nehmen Sie den Zielpunkt ins Visier und schauen Sie, ob es zwischen Ihnen und Ihrem Ziel Hindernisse oder Herausforderungen gibt, die Sie noch zu bewältigen haben. Schauen Sie einfach hinüber, lassen Sie den Blick über den Weg zwischen sich und dem Ziel schweifen. Vertrauen Sie sich, Sie werden mögliche Hindernisse klar vor Ihrem inneren Auge sehen! Gehen Sie jetzt langsam auf das Ziel zu und markieren Sie diese Hindernisse jeweils mit einer oder mehreren Karten auf dem Boden. Es kann eins oder mehrere sein, wie es Ihnen einfällt.

Stellen Sie sich dann wieder zurück auf den Ausgangspunkt und schreiben Sie auf Handlungskarten, was Sie benötigen werden, um die Hindernisse zu überwinden oder die Herausforderungen zu meistern. Zum Beispiel: Verbündete suchen, Mut, mit X sprechen, meine Stärken erkennen, Unterstützung bekommen, Zeit für … Stecken Sie sich diese Handlungskarten an den Körper, in die Hosentasche, in den Ausschnitt …

Gehen Sie jetzt langsam auf Ihr Ziel zu und spüren Sie, ob Sie alles haben, was Sie für den Weg und die Überwindung der Hindernisse brauchen. Ergänzen Sie eventuell Ihre Handlungskarten.

Stellen Sie sich jetzt noch einmal auf Ihren Ziel-Platz und spüren Sie, wie es sich anfühlen wird, wenn Sie Ihr Ziel erreicht haben werden. Was spüren Sie in Ihrem Körper? Wo spüren Sie was? Stehen Sie anders da als beim ersten Mal? Welche Gefühle kommen in Ihnen hoch? Fehlt noch etwas? Wenn Sie zufrieden sind, schreiben Sie die Erkenntnisse dieser Übung für sich auf. Sie werden erkennen: Es gibt ein Körperwissen in uns. Unser

Körper »spürt« einfach, was gut für uns ist, was wir brauchen. Wir hören nur oft nicht auf ihn.

Für alle, die jetzt schon merken – au ja, in diesem Buch geht es um mich, ich selbst werde den süßen Duft des Erfolgs genießen – herzliche Einladung zum Weiterlesen.

Für alle, die gerade die Nase rümpfen, weil sie von solchem »Mental-Zeugs« nichts halten, denken Sie daran: Albert Einstein hat gesagt, dass die Grundeinheiten seines Denkens Bilder und Körpergefühle sind. Worte und logische Verbindungen kommen erst später dazu. Mit Körpergefühlen, Bildern, Visionen, Intuitionen, Eingebungen beginnt jede kreative geistige Leistung – auch bei den kleineren Einsteins dieser Erde, auch bei uns selbst. Wenn uns der Name eines Menschen auf der Zunge liegt, haben wir oft eine intuitive Vorstellung von der Länge, der Silbenzahl des Namens, selbst wenn die Silben noch keine Buchstaben finden, und wir sehen das Bild dieses Menschen bereits deutlich vor unserem geistigen Auge.

Wenn wir diesem »Leit-Bild« geistig offen und achtsam – also nicht mit innerem Druck – nachgehen, fällt uns auch der Name ein. Bilder, heißt es, sagen mehr als tausend Worte. Was ist da »dran«? Albert Einstein hat die richtige Antwort gegeben. Bilder sind ein wesentlicher Schritt für die Entwicklung der geistigen Leistungs-Freude – leicht zu erkennen, wenn man Kinder beim Spielen beobachtet: Kinder leben in einer kreativen, flexiblen Welt. Sie spielen mit den Wahrnehmungen, mit den Bildern in ihrem Kopf:
- Ein Holzblock ist für sie plötzlich ein Haus.
- Ein paar Stöckchen sind Menschen.
- Ein Teller in der Hand, der aus der Spülmaschine in den Schrank getragen werden soll, wird zum Lenkrad eines Autos.
- Die Arme ausgebreitet – und das Kind wird ein Flugzeug.

– In Sekundenbruchteilen springen Kinder aus der realen Welt der Erwachsenen in eine Welt hinein, die nur aus Bildern in ihrem Kopf besteht. – Und auch wieder zurück. In jeder von uns ist noch etwas von der Bildkraft eines Kindes, von der Vorstellung vom Leben.

Und noch eine Anregung aus meiner 20-jährigen Erfahrung als Trainerin und Erfolgs-Coach: Wenn Sie ein Gefühl für Ihr Ziel haben, wenn Sie den Weg vor sich gesehen haben, wenn Sie eine Vorstellung von den Herausforderungen haben, die zu bewältigen sind – und dies alles nicht nur denken, sondern fühlen –, dann können Sie anschließend analytisch und strukturiert Ihr Ziel ansteuern, Ihre Strategien entwickeln und in einem Maßnahmenkatalog konkret alles aufschreiben, was Sie in einer klaren Zeitvorgabe umsetzen wollen. Auch dazu finden Sie in diesem Buch jede Menge Hilfestellungen.

Glauben Sie mir: Wenn Sie einmal tief in sich hineingespürt haben, wie süß der Erfolg schmeckt, wie die Schultern sich straffen und das Rückgrat sich aufrichtet, wie sich Leichtigkeit in Ihrem Körper bemerkbar macht, haben Sie ein Mehrfaches an Energie, um Ihr Ziel konkret und aktiv zu erreichen. Vielleicht mögen Sie es ausprobieren. Ich lade Sie herzlich ein.

Und weil ich Ihnen in diesem Buch keine Erkenntnisse und keine Übungen anbiete, die ich nicht selbst ausprobiert und erlebt habe, hier meine Geschichte mit dieser Übung. Ich habe sie selbst vor einiger Zeit in einer Fortbildung gelernt und mit einer anderen Teilnehmerin zusammen ausprobiert, ausgestattet mit einer ganzen Reihe von bunten Karten.

Die Aufgabe war, den Platz zu finden, an dem wir uns ganz gesund fühlen werden. Ich sah sofort auf der anderen Seite des Raumes meinen Platz, legte einige bunte Karten dorthin und spürte, darauf stehend, wie es sich anfühlen würde, ganz gesund zu sein. Ich merkte, wie ich ein Stückchen größer wurde, wie sich meine Schultern hoben, ich spürte eine gute Wärme in meinem Bauch, und ein Gefühl von Leichtigkeit in den Beinen.

Ich suchte dann den Platz, an dem ich mich an diesem Tag befand, also im Abstand zum Idealbild. Er war ziemlich weit weg. Ich markierte auch ihn. Ich stellte mich auf diese Ausgangskarten und überlegte, welche Hürden zwischen dem Jetzt und dem Zielbild lagen. Es war mehr ein Spüren als ein Überlegen. Ja, mein Körper gab mir klare Hinweise auf Hindernisse und Herausforderungen, die ich im Kopf sortieren und auf Papier bringen konnte.

Auf einen Zettel schrieb ich »Nein sagen« und auf einen anderen »Mehr Zeit für mich«. Ausgestattet mit diesen Anregungen stand ich am Ende auf dem Gesundheitsbild und spürte nur noch Leichtigkeit und Freude. Ja, es würde sich lohnen, dafür etwas zu verändern. Meine Augen hätten gestrahlt, hat mir meine Übungspartnerin versichert.

Im Jahr nach diesem Erlebnis habe ich einiges verändert. Und zwar, wie mir heute klar ist, nicht mit einem festen Plan im Kopf, sondern fast so »nebenbei«. Ich habe mithilfe eines Ernährungs-Coaches langfristig meine Ernährung umgestellt und viele Kilos abgenommen. Ich fühle jetzt beim Spazierengehen die Leichtigkeit in meinen Beinen, die ich in der Fortbildung bereits gespürt hatte. Ich kann mit meinem Enkelkind herumtollen, ohne gleich aus der Puste zu kommen.

Außerdem habe ich mir, ausgelöst durch diese Übung, endlich die acht Tage in meinem dichten Kalender freigeschaufelt, die ich brauchte, um mir die Gallenblase entfernen zu lassen, die mich ein Jahr lang mit zahlreichen Koliken gepeinigt hatte. Damit verlor ich auch ein halbes Dutzend böser kleiner Gallensteinchen, die mich gequält hatten.

Ich habe die »geschenkte« freie Nach-OP-Woche übrigens extrem genossen und bin so kreativ gewesen wie lange nicht mehr. Nun will ich mir nicht regelmäßig eine Krankheit nehmen, um dieses Erlebnis zu wiederholen, deshalb habe ich beschlossen, mir ab sofort in jedem Monat eine ganze Woche von Aufträgen freizuhalten und habe dies zusammen mit meiner Assistentin sofort umgesetzt, also die freien Wochen geblockt. Meine Ressourcen aus der Übung haben sich tatsächlich als hilfreich erwiesen: »Nein sagen« und »Zeit nehmen«.

Wenn dies alles das Ergebnis einer Übung ist, die gerade mal 15 bis 20 Minuten dauert, macht es wohl Sinn, sich damit zu beschäftigen, was wir brauchen, um Erfolge zu erzielen und zu genießen. Es macht Sinn, in uns hineinzuspüren, welche Weisheit wir bereits in uns haben und nutzen können, um unsere Ziele zu erreichen und unsere eigenen Maßstäbe zu setzen. Es macht Sinn, unsere Talente und Kraftquellen anzuzapfen und auf unsere ganz eigene Weise unseren Erfolg zu erzielen.

Ich liebe Erfolg, aber ich verrate Ihnen in diesem Buch auch: Das Erreichen eines einzigen, allumfassenden Lebensziels für immer wird oft überschätzt. Ich erinnere mich in diesem Augenblick an eine Situation: Ich bin vor vielen Jahren in eine schöne Altbauwohnung gezogen, in der endlich Platz für alle meine Bücher war. Also habe ich eine großzügige Regalwand errichtet und die Bücher locker eingeräumt. Ein Besucher bemerkte kritisch: »Na, da ist ja noch viel Platz übrig.« – Ich fühlte mich kurz beschämt, kam mir nicht intellektuell genug vor. Ich runzelte die Stirn, schüttelte den Kopf und überlegte, was mich an der Bemerkung gestört hatte. Dann wurde mir klar und ich sagte es auch: »Ja, Gott sei Dank, das Spannende an einer Bibliothek sind doch die Bücher, die man noch lesen möchte. Für die muss doch Platz sein.«

Welche Bedeutung hat diese kleine Episode für unser Thema Erfolg? Die »großen« Erfolge sind eine schöne Sache, sie stärken im besten Falle das Selbstbewusstsein. Aber die Sehnsucht nach etwas Neuem, der Spaß an Herausforderungen, bringt erst dieses bekannte »Kribbeln hinterm Brustbein« zustande. Dann fühlen Sie sich lebendig.

Ich hoffe, Sie verstehen es richtig, wenn ich jetzt über ein Ereignis berichte: 2010 habe ich das Bundesverdienstkreuz verliehen bekommen, laut Laudatio für mein berufliches und soziales Engagement. Na klar war ich damals aufgeregt und habe mich gefreut. Vor allem, weil ich es überhaupt nicht erwartet hatte. Aber nun liegt es in seiner Kassette im Schrank. Es ist der Abschluss von etwas, nicht der Ansporn für etwas Neues. Es sendet keine frischen Impulse. Und mir wird immer klarer: Impulse kommen aus der Zukunft, nicht aus der Vergangenheit. Ein anderer Vergleich: Das Vorspiel ist das Wichtigste am Sex, die lustvolle Erwartung, der Orgasmus ist nur das Ergebnis. Und dann ist es auch schon vorbei. Das Spiel ist das Ziel. Nicht das Ende des Spiels. Das haben unsere Ahnen schon gewusst: Vorfreude ist die schönste Freude.

Die Suche ist das Spannende im Leben, nicht das Finden. Der Weg aktiviert unsere Kräfte, unsere Kreativität, nicht das Erreichen des Ziels. Einige Menschen haben mir berichtet, dass sie nach Erreichen eines großen, wichtigen Ziels sogar eher eine Art Traurigkeit erfasst hat oder eine große Leere. Deswegen sollten wir unseren Fokus eher auf die Lebenseinstellung richten, auf das Erkennen und Bewältigen von Herausforderungen und Chancen. Ich bin überzeugt davon, dass die Welt viel Spannendes für uns bereithält, wenn wir offen dafür sind. Menschen, die gar nicht mehr neugierig auf das sind, was ihnen das Leben noch zu bieten hätte, finde ich persönlich ziemlich langweilig.

Deshalb werde ich Ihnen in diesem Buch neben Strategien zum »großen Erfolg« auch Tipps für die vielen kleinen Erfolge geben, die Sie tagtäglich erreichen. Die aber viele Frauen viel zu gering schätzen. Da leisten Frauen gute Arbeit, bewältigen schwierige Situationen, beweisen ihre Stärke, bewegen eine Menge, waren umwerfend oder wahnsinnig geduldig – und können sich oft an diesen Erfolgserlebnissen gar nicht freuen.

Manchmal habe ich den Eindruck: Weil sie es relativ leicht geschafft haben, glauben sie, kann es ja nichts Besonderes gewesen sein. Ja, auch äußerlich erfolgreiche Frauen, die schon *wissen*, dass sie viel leisten, *spüren* in ihrem Innersten oft nicht den Stolz auf ihre Leistung oder die Freude über den errungenen Erfolg. Sie leiten große Unternehmen, entwickeln Patente, managen Teams, bereisen die Welt oder verantworten sogar Millionenetats – aber es nützt nichts. Sie sind nicht die strahlenden Siegerinnen, die sie gerne sein würden. Ihnen gilt das Zitat der amerikanischen Lebensberaterin Martha Beck: »Immer wenn du sagst, das ist doch ganz einfach, bist du deinem Genie am nächsten!«

Das gilt nicht nur für Superleistungen. Vielleicht kennen Sie auch das Gefühl, dass Sie sich viel zu wenig freuen können

– an der Prüfung, die Sie geschafft haben,
– an dem schönen Haus, in das Sie eingezogen sind,
– an dem Abschluss, den Sie mit dem neuen Kunden vereinbart haben,
– an dem Erfolg, den Sie mit Ihrem sorgsam ausgesuchten Geschenk erzeugt haben,
– an Ihrer Geduld, die Sie im Umgang mit schwierigen Menschen an den Tag gelegt haben,
– an Ihrem Gespür, mit dem Sie Veränderungen in Ihrem Unternehmen bemerkt haben,

– an Ihrer Fähigkeit, treu sein zu können, auch in schwierigen Situationen,
– an Ihrer seelischen Größe, mit der Sie verzeihen können.

Die Liste ließe sich beliebig verlängern. Nach meiner Erfahrung schätzen Frauen das selbst Geleistete oft geringer ein als das, was andere vermeintlich gut können. Auch hier möchte ich Ihnen Impulse geben – damit Sie den Stolz auf das, was Sie leisten, auch spüren können.

Und wo bleiben die Männer? Ich liebe und schätze sie, aber dieses Buch schreibe ich explizit für Frauen, weil sie anders mit Erfolgen umgehen als die meisten Männer. Was nicht heißt, dass nicht auch männliche Leser von den Impulsen profitieren können. Und natürlich kommen Männer auch in diesem Buch vor: zum Beispiel in dem Kapitel, in denen ich Frauen verrate, was die sieben typischen Männerrituale im Business bedeuten und wie sie diese für ihren Berufserfolg nutzen können.

Wenn ich dieses Buch vor 30 Jahren geschrieben hätte, dann hätte der Titel wahrscheinlich gelautet: »Erfolg – was ist das denn?« Vor 15 Jahren hätte der Titel eher geheißen: »Der bittere Kampf um den Erfolg«. Und heute heißt er also »Der süße Duft des Erfolgs«. Was ist geschehen? Die Welt hat sich verändert – Frauen haben sich verändert – und ich mich natürlich auch.

Kürzlich hat mir im Rahmen eines Seminars eine Teilnehmerin das tatsächlich bestätigt: »Frau Asgodom, Sie haben sich aber verändert. Ich war vor vielleicht zehn Jahren mal bei Ihnen in einem Vortrag und da hatte ich fast ein bisschen Angst vor Ihnen!« »Angst vor mir? Das kann doch gar nicht sein.« »Doch, Sie waren so ernst und haben uns gesagt, das müssen Sie tun, wenn Sie als Frau Karriere machen wollen, und das müssen Sie lassen ...«

Ich doch nicht! (Na ja, vielleicht ein bisschen ...) Die Teilnehmerin war aber noch nicht fertig: »Ich wollte eigentlich nur sagen, mir gefällt es richtig gut, dass Sie uns so viel Raum für eigene Überlegungen gegeben haben, für unsere Lösungen. Dass Sie uns nicht pushen, nicht auf Krawall frisieren wollen.«

Das hat mich nachdenklich gemacht. Ja, das stimmt wohl. Ich bin weniger fundamentalistisch als früher. Ich muss nicht mehr ständig kämpfen und nicht mehr dauernd Rechthaben wollen. Das hängt vielleicht damit zusammen, dass ich endlich ein gutes Verhältnis zu Männern gewonnen habe. Ich sehe sie, seit ich viele von ihnen im Coaching erlebt habe, verständnisvoller, mit sanfterem Blick als früher.

Ich bin überhaupt von der Trainerin immer mehr zum Coach geworden. Das heißt, ich möchte Menschen helfen, ihre eigenen Ressourcen zu nutzen und ihre eigenen Lösungen zu finden. Das heißt auch, ich gebe statt starrer Rezepte lieber Anregungen à la »Schau mal, das ginge auch …« Und das hat natürlich Einfluss auf meine Haltung und meine Wirkung.

Deswegen werden Sie in diesem Buch nicht das eine allumfassende Rezept finden, wie Sie Erfolg haben können. Dafür aber jede Menge Anregungen, zum Beispiel mit der »SUCCESS-Formel« und den vielen Ideen und Impulsen, die Sie für sich nutzen können. Mit diesem Buch gewinnen Sie Lebens-Leichtigkeit. Ich wünsche Ihnen dabei viel Vergnügen!

EINE NASE FÜR DEN ERFOLG

»Der süße Duft des Erfolgs« heißt dieses Buch und darin finden Sie sogar eine Parfumprobe »SweetSuccess«. Wie bin ich auf die Idee gekommen, ein eigenes Parfum herauszubringen? Ich war schon als Kind ein »Nasenmensch«, das heißt, ich habe eine angeborene olfaktorische Begabung. Ich erinnere mich an den Geruch von heißem Sommerasphalt genauso wie an den von abgeernteten Stoppelfeldern. Ich habe den köstlichen Duft von gebratenen Äpfeln genauso in Erinnerung wie den von erdig-rauchigem Kartoffelfeuer. Ich erinnere mich an den Duft meiner Mutter, wenn sie sich zum Ausgehen hübsch gemacht hat, wie an den Geruch von frischem Pflaumenmus, das mein Vater jeden Spätsommer in dem riesigen Kupferkessel in unserer Waschküche gerührt hat.

Deshalb kann man mich auch mit Gerüchen verführen. Ich laufe durch die Stadt und werde von meiner Nase geleitet. »Hm, riecht das gut« – ach ja, dort ist eine Bäckerei. »Würzig« – weht ein Duft aus einer Boutique. »Hm, die Tasche riecht gut, die will ich haben.« Der Geruch von frischem Leberkäse lässt mir das Wasser im Mund zusammenlaufen. »Lecker: Hier riecht's nach

Kaffee« – eine Straße weiter ist eine Rösterei. Ich rieche den Duft von Stachelbeeren in einem Weiß-, und von Cassis in einem Rotwein.

Für mich riechen auch Bücher sehr unterschiedlich, manche gut und manche bitter oder säuerlich. Die kann ich nicht kaufen. Ich erinnere mich an den Geruch der Gemeindebücherei in meinem Heimatdorf, die ich einige Jahre als Schülerin geleitet habe. Stunden habe ich dort verbracht. Und ich rieche den köstlichen Duft nach trockenem, vergilbten Papier.

Ich schnuppere sogar an Menschen, die ich begrüße, und frage nach ihrem Parfüm »Sie riechen so gut!« Und ich habe den bestduftenden Mann der Welt geheiratet. (Wenn zwei Verliebte sich küssen, hat der britische Forscher Dr. Paul Brown herausgefunden, werden auf der Oberlippe unzählige Nervenenden stimuliert. Die setzen daraufhin Pheromone, also Sexualduftstoffe, frei, die wiederum direkt in die Nase steigen und im Gehirn Lust auslösen. Küssen ist also eigentlich riechen.)

Bei der Recherche zu diesem neuen Buch fand ich in dem Buch »Erfolg ist sexy«, das ich 1999 als erstes Buch im Kösel-Verlag veröffentlicht habe, eine Überschrift: »Einen Duft können wir besonders genießen: den Duft von Erfolg«. So lange schon begleitet mich also die Verbindung von köstlichem Duft und dem geglückten Leben.

Da also das Riechen zu meinen stärksten Sinnen gehört (deshalb habe ich auch kein niedliches Stupsnäschen, sondern eine olfaktorische Hochleistungsnase), heißt dieses Buch eben nicht »Der Ton des Erfolgs« oder »Das Bild des Erfolgs« oder »A Touch of Success«. Duft ist ein Lieblingswort von mir, es klingt nach Köstlichkeit und Verheißung.

Im Jahr 1999 habe ich mich als Trainerin, Rednerin und Coach selbstständig gemacht. 2003 habe ich meinen Geschäftsnamen »Asgodom Live« als Marke beim Deutschen Patent- und Markenamt eintragen lassen. Dazu kann man aus über 40 »Markenklassen« wählen. Natürlich habe ich die für Weiterbildung und die für Druckerzeugnisse und die für CDs gewählt – aber auch schon die Markenklasse Nizza 03-Seifen, Parfümerien, ätherische Öle … Ich wusste damals noch nicht genau wofür, aber ich wusste warum.

Genau zehn Jahre später, im letzten Sommer, saß ich schließlich in der Provence in der Nähe von Grasse (wo sonst als in der Parfümhochburg?) mit französischen Parfumeuren zusammen und habe mir den Erfolgsduft »SweetSuccess« entwickeln lassen. Parfumeure beschreiben den Aufbau eines Dufts in Herz-, Kopf- und Basisnote: Die Kopf-Note bestimmt den ersten sensationellen Nasen-Eindruck, ist dabei die kürzeste Episode der Duftphase, hält meist nur zehn Minuten an. Sie löst die spontane Sympathie für einen Duft aus. »Hm« oder »Lecker« oder »Cool« oder »Interessant«.

Die Herz-Note sorgt für die »Seele« des Dufts. Sie ist über mehrere Stunden präsent, sie hüllt die Trägerin sanft ein. Die Ausrichtung dieser Note beeinflusst meistens den Namen des Parfums, weil sie den Charakter am besten beschreibt: fruchtig, süß, blumig, holzig, klar, kühl oder wie frisch gewaschen.

Die Basis-Note rundet das Parfüm ab und sorgt dafür, dass der Duft sich am Körper einige Stunden oder sogar Tage hält. Meist sind die Zutaten in der Basis reichhaltig und schwer, ätherische Öle wie Hölzer oder Moschus, stark duftende Blüten oder Kräuter. In der Duft-Pyramide wird diese Basis naturgemäß als stärkstes Element dargestellt.

Die Kombination dieser drei Bereiche – man nennt sie auch die Duft-Pyramide – macht immer die Einzigartigkeit eines Dufts aus, sein Alleinstellungsmerkmal sozusagen.

Als ich mich intensiv mit diesen Duft-Pyramiden beschäftigt habe, fielen mir Parallelen zum Thema Erfolg auf – und zum Alleinstellungsmerkmal erfolgreicher Frauen. Wenn wir überlegen, was Frauen brauchen, um ihre Ziele zu erreichen, sprich ihren ganz persönlichen Erfolg zu genießen, kommen wir auf ebenfalls drei Bereiche, die wir durchaus Kopf, Herz und Basis nennen können. Diese drei Erfolgsfaktoren machen gute Frauen zu grandiosen Mitarbeiterinnen, Chefinnen oder Selbstständigen!

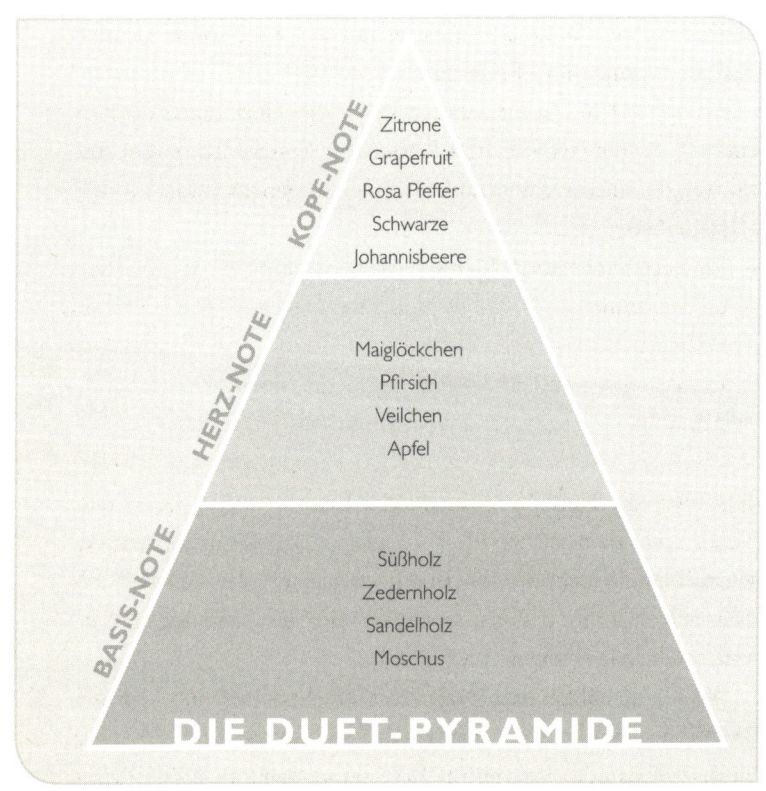

Fangen wir diesmal am Grund der Erfolgs-Pyramide an. Was braucht eine Frau, die nach Erfolg strebt? Eine starke Basis wie
- das Wissen um ihre Stärken und Talente
- Können und Expertise
- eine breite Erfahrung in Leben und Beruf
- Durchsetzungsstärke
- ein gutes Selbstbild.

Im Allgemeinen gilt: Das Fundament muss stimmen. Je breiter die Basis, umso sicherer der Stand. Je kompakter die Grundlage, umso mehr Energie zur Umsetzung werden Frauen haben. So wie im Parfum vor allem Holznoten, also eher schwere, massive Düfte, die Basis bilden, braucht es im Leben die solide Grundlage aus Können und Erfahrung.

Aufbauend auf diese Basis wirken die Herz-Eigenschaften eines Menschen als Seele des Erfolgs. Sie bestimmen den »Charakter« der angestrebten Ziele und der Vorgehensweise wie
- Selbstliebe
- Menschenliebe, auch Wertschätzung genannt
- Leidenschaft
- Hingabe
- Empathie
- Ambition
- Charme.

Je stärker die Herz-Note, umso einfacher ist es für jede Frau, Verbündete zu finden, Hilfe zu bekommen und zuzulassen. Sie kann Sinn im Tun finden, der Energie freisetzt. Oder wie Friedrich Nietzsche geschrieben hat: »Wer ein Warum zum Leben hat, kann viele Wie ertragen«.

Aber alles Fühlen und Wollen nützt nichts ohne einen starken Handlungsimpuls. Und dabei hilft die »Kopf-Note« in der Erfolgs-Pyramide. Sie verhilft dem Fundament und den Herz-

Eigenschaften zur Umsetzung in tätiges Gelingen. Im Kopf, sprich im Verstand werden entwickelt:

- Strategien
- Zielsetzung
- starker Wille
- Struktur
- Umsetzungskraft.

Wie werden Frauen erfolgreich? Wenn sie es wollen und die passende Strategie entwickeln!

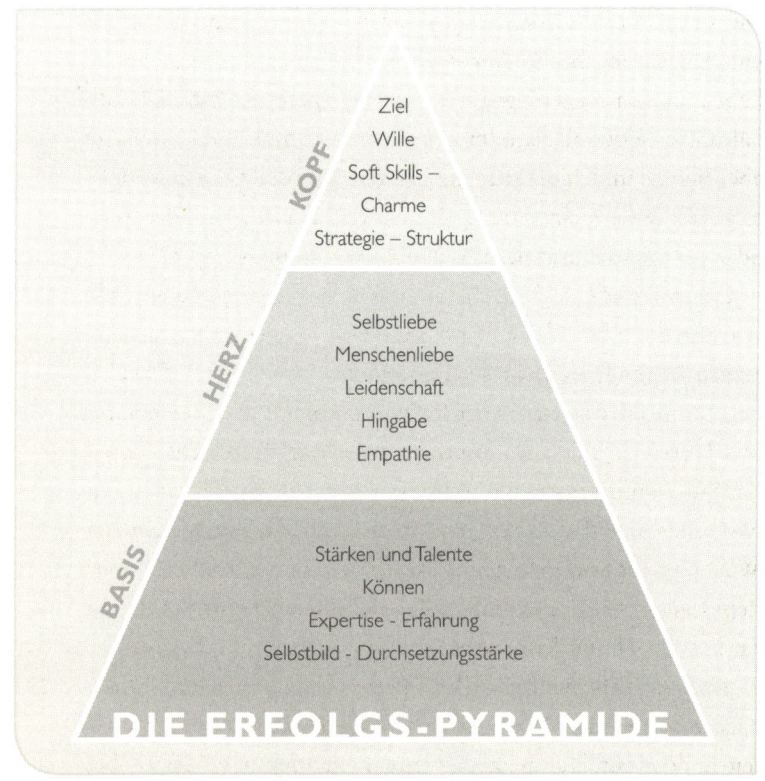

Der griechische Philosoph Aristoteles hat schon vor 2000 Jahren geschrieben: »Klugheit ist Weisheit plus Handeln«. Sprich: Klugheit allein genügt nicht. Wir müssen die Erkenntnisse auch tatkräftig umsetzen, um Erfolg zu haben. Diese Erfolgs-Pyramide heißt es jetzt also mit praktischem Leben zu füllen. Sie sind am Zug!

Wie wird eine Frau Gewinnerin?

Die amerikanische Psychologin Carol S. Dweck kann bei Schulkindern bereits mit hoher Trefferquote voraussagen, wer im Leben zu den Siegern gehören wird. Es geht um eine Geisteshaltung, mit der alle Kinder auf die Welt kommen, die ihnen oft aber bereits im Kindesalter ausgetrieben wird: um Neugier. Und es geht gerade nicht darum, der Größte, der Klügste, der Beste oder der Mensch mit der größten Durchsetzungskraft zu sein.

Carol Dweck sagt nach jahrzehntelanger Forschung: »Ob wir Erfolg haben, hängt von unserem Mindset ab – unserer Geisteshaltung, Denkweise, Einstellung, Mentalität.« Darüber hat Carol Dweck ein Arbeitsleben lang an Elite-Universitäten wie Harvard, Yale und Stanford geforscht. Geforscht hat sie darüber, wie Menschen Erfolge haben und auch darüber, wie Menschen unter Druck reagieren und mit Rückschlägen umgehen. Wovon hängt also Erfolg ab? Carol Dweck fasst das Ergebnis in dem kurzen Satz zusammen: »Die Meinung, die du selbst von dir hast, bestimmt letztendlich, welches Leben du führst.«

Auch die Motivation vieler Menschen, ein Coaching in Anspruch zu nehmen, lässt sich aus Carol Dwecks Grundsatz ableiten, der dann lauten kann: Wenn du in oder an deinem Leben etwas ändern willst, beginne damit, dass du deine Meinung von dir auf den Prüfstand stellst und dann nachbesserst. Und da kaum ein Mensch seine Meinung über sich selbst aus eigener Kraft nachjustieren kann, gibt es Coaches.

Carol Dwecks einfache Kernaussage »Die Meinung, die du selbst von dir hast, bestimmt letztendlich, welches Leben du führst« ist geradezu auf das Coaching zugeschnitten. Die Meinung, die wir selbst von uns haben, kommunizieren wir nach außen und erschaffen so das Bild, das sich die Menschen von uns machen, das aber nicht deckungsgleich ist mit dem Selbstbild, das wir von uns haben. Nur zu oft erfahren wir ja, dass die Menschen etwas in uns hineinsehen, was wir dort gar nicht erkennen können.

Eine der großen Leistungen von Carol Dweck ist, der uferlosen Thematik von »Wer bin ich und wenn ja, wie viele« zwei Streben eingezogen zu haben. Sie sieht zwei »Menschen-Typen« mit zwei grundsätzlich unterschiedlichen Geisteshaltungen. Einer dieser beiden Geisteshaltungen verschreibt sich jeder Mensch bis zu einem gewissen Grad. Welche das ist, liegt im Wesentlichen an Elternhaus und Schule – und später auch noch an berufsspezifischer Prägung.

Geisteshaltung 1

Menschen mit der Geisteshaltung 1 nennt Dweck »fixed«, also fixiert im Sinne von festgefahren: »Das habe ich, das bin ich, das kann ich – basta.« Nach außen kommuniziert oder gar zur Schau gestellt wird ein meist geschöntes Bild, denn die meisten Menschen vermeiden es, über sich »schlechte Presse« zu machen. Im Gegenteil. Sie verlangen sich ständig Erfolge ab. Sie sind ähnlich wie Künstler, die ihr Publikum begeistern wollen, um dann in dem von ihnen selbst erzeugten Glanz ebenfalls zu strahlen.

Der Ordnung halber zu erwähnen ist hier, dass nicht alle Menschen so gepolt sind. Viele üben sich in übermäßiger Selbstzurücknahme und geben sich bescheidener als sie sind. Wie oben schon erwähnt, folgen Frauen diesem Leitbild eher als Männer – nach dem Motto: »Sei sittsam und bescheiden, dann kann dich jeder leiden.« Aus dieser Welt herauszuführen, ist der Sinn meiner Selbst-PR-Philosophie und den Selbst-PR-Seminaren.

Die eigentliche Tragik vieler Typ-1-Menschen hat Carol Dweck herausgearbeitet:
- Sie kultivieren ein bestimmtes Bild von sich selbst, meist ein geschöntes.
- Sie stellen sich als Typen dar, die sie noch nicht sind und erst noch werden müssten: klug, durchsetzungsfähig, beliebt, ein Leader. Damit sind die Typ-1-Menschen in einer Falle. Sie dürfen sich nicht so geben, wie sie sind, sondern müssen sich ständig verstellen. Ihre Falle ist Eitelkeit und Gefallsucht.

Geisteshaltung 2

Geisteshaltung 2 ist flexibel, situations-angepasst, kreativ, nicht dem Streben nach Status gewidmet, sondern dem Streben nach Erfahrung und Weiterbildung. Geisteshaltung 2 kennt weder Stand noch Stillstand, denn sie ist ausgerichtet auf Erleben, Erfahren, auf Wissenwollen und nicht auf Immer-schon-alles-Wissen, auch nicht auf Allwissend-Sein.

Menschen mit einer Geisteshaltung 2 glauben, dass sie aus jeder Erfahrung – gleich, ob sie gut oder ungut war – lernen können, dass sie etwas entdecken und daran wachsen können. »Diese an menschliches und mitmenschliches Wachstum glaubende Geisteshaltung«, sagt Carol Dweck, »basiert darauf, dass deine Kern-Eigenschaften – Talente, Fähigkeiten und Kompetenzen – ausgebaut werden können. Du musst dies aber selbst wollen. Die Motivation dazu muss aus dir selbst heraus kommen, aus deiner Neugier.«

Menschen mit der Geisteshaltung 2 glauben zudem, dass Jahre mit harter Arbeit, Lernen und leidenschaftlichem Engagement der Beginn eines lebenslangen Lernens, Wachsens und Entwickelns sind: hin zu dem, was diese Menschen sein wollen.

Ihr Fokus liegt dabei auf dem Reisen und nicht auf dem Ankommen. Und ihre großartige Botschaft lautet:

- Sich anstrengen ist notwendig und gut!
- Erfolg durch Lernen und Entdecken ist erarbeitet und nicht angeboren!
- Wenn du die Geisteshaltung (mindset), die du haben möchtest, nicht hast, kannst du dich ändern und sie in die gewünschte Richtung weiterentwickeln!
- Die amerikanische Musik-Pädagogin Diane Allen – selbst eine bekannte Sängerin – hat die beiden Geisteshaltungen anhand von ausformulierten Selbsterkenntnissen plastisch gemacht. Diana Allan nennt sich Performance Coach – also Auftritts-Coach. Und sie gibt ihren Klient(inn)en mit auf den Weg:
- Trenn dich von allen Glaubenssätzen, die dich einschränken oder dich davon abhalten, dein volles Potenzial zu erreichen.
- Entwickle dazu ein starkes und stabiles Selbstvertrauen für deine öffentlichen Auftritte.
- Lerne, dich auf das Wichtigste zu konzentrieren, das es fürs Üben und für die Performance gibt (das gilt ganz ähnlich für die frisch beförderte Abteilungsleiterin, die mit ihrer ersten Rede den Kopf, aber auch die Herzen jener Kollegen gewinnen möchte, die bisher mit ihr auf einer Stufe gestanden haben).
- Lerne, wie du mit Frustrationen, Ablenkungen vom eigentlichen Ziel und Selbstzweifeln umgehen kannst.

- Lerne Fehler und Frustrationen loszulassen.
- Nutze die positiven Seiten des Perfektionismus und eliminiere die ungesunden Seiten.
- Setze vor wichtigen Terminen/Performances »Rituale« ein, die auf das Bevorstehende fokussieren und Zuversicht aufbauen.
- Entwickle effektive und effiziente Pläne für die Praxis.
- Carol Dweck arbeitet mit einem Kernbegriff: »mastery-oriented«. Mastery-oriented ist ein Mensch mit dem Vorsatz: Ich will es meistern! Mastery-oriented meint so etwas wie »der Weg ist das Ziel«. Spannend ist, dass alle Kinder, wenn sie zur Welt kommen, bis in die Haarspitzen motiviert sind, ja sie sind geradezu getrieben davon, Herausforderungen zu meistern. In Elternhaus und Schule scheint dann eine Um-orientierung einzusetzen. Welche Menschen tun dies mit Freuden? Welche nicht? Carol Dwecks Antwort auf diese Frage ist verblüffend. Sie hat herausgefunden: »Es gibt keinen Zusammenhang zwischen dem Forscherdrang bei Kindern einerseits und ihrer Intelligenz oder anderen geistigen Fähigkeiten andererseits.«

GEDANKEN-STOPP – SO BEENDEN SIE
INNERE VORWÜRFE

Fast jeder Mensch kennt irgendwann solch bedrückende Gedanken wie: »Das schaffe ich nie!« oder innere Vorwürfe: »Wie konnte ich nur!« Als Kind habe ich immer wieder mal gehört: »Du bist ja zu blöd zum Milchholen.« Und wie oft habe ich mich als Erwachsene innerlich gescholten: »Du bist ja zu blöd zum Einparken, Nein-Sagen, Dinge erledigen …«

Beginnen die inneren Beschimpfungen erst einmal, lassen sie sich kaum bremsen. Sie laufen ab wie eine Gebetsmühle, immer rund im Kopf herum: »Ich kann mich heute nicht leiden, die Welt ist grau, das macht mich ganz grau, deshalb kann mich niemand leiden, und ich mag mich schon gar nicht.« Wie lassen sich diese Gedanken abstellen?

Einige einfache, aber wirkungsvolle Methoden führen heraus aus einem sochen Seelen-Tief. Sie alle haben mit dem Wort »STOPP« zu tun:

Schlagen Sie mit der Handfläche auf einen Tisch oder gegen die nächst erreichbare Tür oder Wand (es muss etwas weh tun), und brüllen Sie laut: »STOPP!« Was passiert? Ihre negativen Gedanken werden, zumindest für den Augenblick, unterbrochen. Und Sie kommen zum Weiterdenken. Holen die finsteren Gedanken Sie bald wieder ein, folgt das nächste STOPP! Klingt anfangs etwas albern. Ist aber sehr hilfreich.

Sie klatschen nicht gegen die Wand, sondern in die Hände, um das ungute »Gedanken-Durcheinander« in sich zu stoppen.

Sie geben Ihren Gedanken Befehle wie ein Schiedsrichter beim Tennis: »Quiet please, Ruhe bitte.«

Der Psychologe Martin Seligman empfiehlt, ein Gummiband ums Handgelenk zu tragen, mit dem Sie sich schnippen, wenn die Novembernebel-Gedanken immer und immer wiederkommen.

Gut auch: Ein STOPP-Schild bei sich tragen, als Talisman im Portemonnaie oder Kalender. Wann immer Sie sich in Gedanken selbst fertigmachen, schauen Sie drauf: STOPP! Oder Sie stellen es sich in einem Silberrahmen auf den Schreibtisch oder hängen es dort sichtbar hin, wo Sie am häufigsten vom Stress der Gebetsmühle im Kopf geplagt werden.

Diese Methoden wirken durchs Tun, durch regelmäßiges Wiederholen. Kommt man sich anfangs auch noch etwas albern vor, wird das automatische STOPP bald zum Gedankenstopper und Türöffner für frischen Wind im Hirn. Und irgendwann reicht allein schon die Vorstellung aus, auf den Tisch zu hauen, um den inneren Frieden wiederherzustellen.

Und das ist bei uns Erwachsenen genauso: Nicht die Intelligentesten erreichen immer ihre Ziele. Sondern die, die es wirklich wollen. Die sich immer wieder selbst motivieren können. Die Lust an Leistungen haben. Und die auch mit Fehlschlägen fertig werden. Sie fragen sich nüchtern: »Warum hat der Plan nicht funktioniert?« Und beginnen erneut an ihrem Ziel zu arbeiten. An ihrem Ziel?

Erfolge sind wichtig, sagt Carol Dweck, aber der Spaß an der Leistung ist wichtiger. Das Lob, die Leistungsprämie, die berufliche Beförderung – alles ist ebenfalls wichtig. Aber wer immer nur Ziele hat und keine Freude auf dem Weg zum Ziel, kann nur unzufrieden werden und bleiben. »Getting there is half the fun«, so steht es auf den amerikanischen Greyhound-Bussen, die quer durch die USA fahren. Das Tun bringt Erfüllung, das Erreichen ist der Ort des Ausruhens.

ERFOLGREICH MIT DER SUCCESS-FORMEL

Wenn Sie sich die Erfolgs-Pyramide anschauen, sehen Sie, dass sich in der »Kopfnote« Wille, Ziel und Strategien finden. Und darum geht es in diesem Kapitel. SUCCESS-Formel – klingt gut? Ist gut! Die Formel vereint sieben Impulse, die Ihnen erleichtern sollen, Ihre Erfolgsziele zu erreichen. SUCCESS wird aus den Anfangsbuchstaben der sieben Impulse gebildet und die stehen für:

S ICHTBARKEIT

U NTERSTÜTZUNG

C HANCEN

C OACHING

E LAN

S OUVERÄNITÄT

S IEGE FEIERN

Sichtbarkeit: Die Anti-Mauerblümchen-Strategie

Meine größte Intention als Trainerin und Coach ist es, die Sichtbarkeit meiner Teilnehmerinnen/Klientinnen zu erhöhen. Wie viele Frauen machen ihre Arbeit supergut, können Erfolge vorweisen, sind das Rückgrat des Unternehmens – sind aber so gut wie unsichtbar. Oft ziehen andere, häufig sogar Männer mit weniger Erfolg und weniger Qualität, in der Hierarchie an diesen fleißigen Bienchen vorbei.

Die vermeintlich diskriminierten Frauen reagieren in zwei unterschiedliche Richtungen. Psychologen nennen die verschiedenen Reaktionen extrapunitiv und intrapunitiv. Punitiv hat mit dem Wort Strafe zu tun. Extra bedeutet (wenig überraschend) nach außen, intra nach innen.

Extrapunitiv: Die Frau ärgert sich über die »Schaumschläger, Angeber, Blender«, die ständig beim Chef sitzen und ihm erzählen, wie sie wieder das Unternehmen gerettet haben. Und noch wütender sind sie auf die doofen Chefs dieser Vollidioten, die sich davon tatsächlich beeindrucken lassen. Oft entwickelt sich daraus eine tiefe Verachtung für Männerbünde und männliche Mauscheleien, eine tiefe Abneigung gegen die politischen Spielchen in Unternehmen, die oft nur den persönlichen Interessen der oberen Führung und nicht dem wirtschaftlichen Erfolg dienen. Nein, da spielen sie nicht mit – und sie verachten die wenigen Frauen, die vielleicht mitspielen.

Die Zahl der talentierten Frauen, die aus Unmut über politische Spielchen Unternehmen verlassen, zählt Legionen. In Seminaren höre ich die unglaublichsten Geschichten. Ich wundere mich immer wieder, dass in Unternehmen keine Alarmglocken schrillen, wenn wieder eine begabte Frau mit exzellentem Erfolg das Boot verlässt.

Intrapunitiv: Die Frau ist enttäuscht und gekränkt, weil wieder der Kollege befördert worden ist oder die Gehaltserhöhung bekommen hat und sie nicht. Sie sucht aber die Ursachen für die Diskriminierung allein in sich selbst: Wenn sie studiert hätte oder etwas anderes studiert hätte, wenn sie promoviert wäre, wenn sie noch besser wäre, wenn sie nicht so schüchtern wäre ... Als Frau bekommt man eben keine Chance.

Schon als kleines Mädchen hat sie immer gehört: »Sei sittsam und bescheiden, dann kann dich jeder leiden.« Ach, wenn sie doch besser reden könnte ... »Ich will mich nicht verkaufen«, verkündet sie mit trotzigem Stolz. Ihr Selbstbewusstsein sinkt mit jeder Benachteiligung. Ja, Teilzeit wäre vielleicht doch besser. Und damit schießt sie sich endgültig aus allen Beförderungslisten hinaus. Die meisten Frauen, egal ob ex oder in, sehen nicht, welchen Anteil sie selbst an der Behandlung haben beziehungsweise viel wichtiger, was sie ändern könnten, um ihre Erfolgschancen zu verbessern.

Mir hat eine Führungskraft einmal erzählt: »Wenn ich nur ein geringes Budget habe, aber ein Mitarbeiter und eine Mitarbeiterin wollen mehr Gehalt, dann gebe ich das Geld dem Mann!« Ich wollte gerade die Schrotflinte herausholen, da fuhr er fort: »Wenn ich dem Mann die Gehaltserhöhung nicht gewähre, ist das Risiko hoch, dass er das Unternehmen verlässt. Wenn ich der Frau das Geld nicht gebe, bleibt sie und arbeitet genauso engagiert weiter wie vorher.« Stimmt. Und dann lese ich eine Umfrage, in der Frauen freimütig erzählen, dass ihnen das Geld im Beruf nicht so wichtig ist. Viel wichtiger sind ihnen Erfüllung im Job, ein gutes Betriebsklima, nette Kollegen, Arbeit mit Menschen ... Das ist kein Charakterfehler, gottbewahre, aber es ist halt auch bekannt.

DER »GANG DER KÖNIGIN«

Werden Sie sichtbar durch Ihre Körperhaltung. Dazu gehört der »aufrechte Gang«, also sich nicht ducken, sich nicht verstecken, nicht stöckeln, nicht huschen wie ein Mäuschen, sondern gehen, dabei die Schultern und den Kopf gerade haltend.

Üben Sie das zuhause, auf der Straße, im Supermarkt. Gehen Sie aufrecht in einen Konferenzraum oder in ein Büro hinein, gehen Sie langsam, mit festem Schritt, heben Sie den Kopf, öffnen Sie den Blick. Schauen Sie die Menschen an. Wenn es Ihrem Naturell und Ihrer Stimmung entspricht, lächeln Sie (dann aber auch mit den Augen). Grüßen Sie.

Üben Sie diesen Gang auch auf den Bürofluren oder wenn Sie durch die Eingangshalle oder die Kantine gehen. Das Ziel ist zu »schreiten«. Eben wie eine souveräne Königin. Ich wette, dass sich dadurch etwas in Ihrer Sichtbarkeit verändert!

Ein weiteres Beispiel: Da haben wir Herrn Erfolgs-Meier. Er sitzt regelmäßig beim Chef und erzählt, was für ein cooler Hund er ist. Er traut sich tatsächlich mit stolzgeschwängerter Stimme zu verkünden: »Heute rufe ich den Kunden an!« Die Kollegin, Frau Problem-Müller, hört das und ist irritiert: Das macht sie jeden Tag, sogar sehr erfolgreich, aber sie käme nie auf die Idee, das ihrem Chef zu erzählen. Dafür ist sie schließlich eingestellt worden. Dafür wird sie bezahlt!!!

40

Am nächsten Tag hört sie Herrn Erfolgs-Meier verkünden: »Der Kunde ist interessiert, ich bleibe dran.« Der Chef klopft

ihm begeistert auf die Schulter: »Meier, das kriegen Sie hin!«
Frau Problem-Müller schaut gequält, als müsste sie verschwitzten
Rugby-Spielern in der Kabine beim Duschen zusehen. Übrigens:
Aus dem Deal ist dann doch nichts geworden. Aber Herr Erfolgs-
Meier ist schon am nächsten »großen Fisch dran«, wieder mit
eifrigem Krähen und begeisterter Resonanz des Ober-Hahns.

Warum nenne ich die Frau »Frau Problem-Müller«? Weil sie
ihre Arbeit ordentlich und gewissenhaft erledigt. Sie ist darauf bedacht, sehr eigenständig zu arbeiten. Sie verteidigt ihren Arbeits-
bereich und möchte sich nicht reinreden lassen. Das ist ihr Projekt, das schafft sie ganz allein. Und in der Tat: Der Kunde unter-
schreibt. Kleines Häkchen dran, ran an die nächste Aufgabe.

Wann geht sie überhaupt mal zu ihrem Chef? Wenn es ein
Problem gibt. Dann braucht sie seine Entscheidung, seinen Rat.
Ist vielleicht verwirrt, geknickt, macht einen Eindruck der
Schwäche. Wie konnte ihr das nur passieren? Was manifestiert
sich im Kopf ihres Vorgesetzten? Immer wenn die Kollegin
Müller zu ihm kommt, gibt es ein Problem, wahrscheinlich ist
sie mit dem Projekt doch überfordert. Sie wird in seiner Wahr-
nehmung »Frau Problem-Müller«.

Sie haben verstanden? Und erinnern sich gerade selbst an
Ihren Kommunikationsstil? Autsch? Überlegen Sie: Wie oft
könnten Sie beim Chef, bei der Chefin, antreten, persönlich, per
Anruf oder per Mail, um von Erfolgen zu berichten und ohne
sich dafür in Grund und Boden zu schämen. Wollen Sie vielleicht gleich mal bei einer Gelegenheit anfangen und beobachten, wie er/sie reagiert? Und danach entscheiden, ob Ihnen das
vielleicht sogar Spaß macht?

Sichtbar werden heißt auch souverän auftreten. Die Basis
dafür: ein gutes Selbstwertgefühl. Sie wissen, wer Sie sind und
was Sie können. Nicht immer haben Frauen ein solch klares

positives Selbstbild von sich. Sie fühlen sich nicht als etwas »Einzigartiges«, haben Schwierigkeiten, ihre Schokoladenseiten zu benennen. Grund ist allzu oft der weibliche Perfektionswahn: Wie können wir behaupten, etwas gut zu können, wenn wir es eigentlich noch besser können sollten ... Frauenhirne sind manchmal ganz schön verquast.

Vor allem diese »innere Kritikerin«, wie Psychologen den Drang, sich selbst kleinzumachen, nennen, hindert uns oft daran, uns wirklich klasse zu finden: Wir können fünf Fremdsprachen? Mein Gott, das können andere auch. Wir haben ein kleines Unternehmen aus dem Nichts aufgebaut? Na, es könnte noch erfolgreicher sein. Wir schaffen es prima, unseren Beruf und unsere Familie unter einen Hut zu bringen? Ach, der Sohn wäre bestimmt besser in der Schule, wenn wir uns mehr kümmern würden.

Die innere Kritikerin können Sie zur Räson rufen, wenn Sie sich selbst einmal ganz sachlich (aber trotzdem aufgeregt und begeistert), Ihre Talente, Fähigkeiten und bereits erzielten Erfolge deutlich machen. Wenn es Ihnen allein schwer fällt, können Sie ja eine Freundin oder den Partner um Hilfe bei diesem Stärkenprofil bitten. Manchmal »vergessen« Sie nämlich einfach tolle Seiten: Stimmt ja, die Prüfung damals habe ich mit Auszeichnung gemacht. Oder: Nach der Ausbildung habe ich doch gleich diesen tollen Vertrag angeboten bekommen. Oder: Das Jahr als Au-pair-Mädchen in Australien ist ein Pluspunkt.

Legen Sie dabei bitte einmal die ganze zauberhafte Bescheidenheit beiseite, die Sie sonst auszeichnet. Das Motto heißt: Think big!

Ich weiß, wie schwer es Frauen fällt, sich selbst das »hohe Lied« zu singen. Deshalb empfehle ich Ihnen: Schreiben Sie sich selbst quasi ein Zeugnis aus, in dem Sie akribisch Ihre Pluspunkte auflisten. Sie können dies auf verschiedenen Blättern tun (damit Platz für all das Wunderbare ist), die Sie nach folgenden Kriterien ordnen:

Ausbildung / Berufserfahrung: Auf dieses Blatt kommen alle Abschlüsse, die Sie gemacht haben, auch Weiterbildungskurse. Vergessen Sie auch nicht das kleinste Wochenendseminar. Dazu kommen Ihre bisherigen Berufsstationen; denken Sie an Praktika oder die vier Wochen, in denen Sie damals in den Sommerferien im Akkord Teebeutel gepackt haben.

Positive Eigenschaften / Kenntnisse: Was zeichnet Sie aus? Sind Sie der Ruhepol im größten Chaos oder besonders sensibel für Stimmungen? Worin kennen Sie sich besonders gut aus? Worin sind Sie Expertin? Auf diesem Blatt sollten mindestens 15 Stärken stehen! Auch wenn Sie sich quälen müssen, Sie finden mindestens so viele, versprochen.

Erfolge: Was haben Sie in Ihrem Leben Positives erreicht? Aus welchen Krisen haben Sie sich vielleicht auch befreit? Notieren Sie hier Erlebnisse, die Sie gemeistert haben. Suchen Sie nach der Heldin in sich. Und denken Sie dabei auch an die kleinen Erfolge: Als Sie damals trotz …

Kreative Ideen: Sammeln Sie hier Gedanken, die Sie schon lange mit sich herumtragen, Verbesserungsvorschläge, Ideen für Aktivitäten, entweder für Ihre jetzige berufliche Tätigkeit oder für die Vision, die Sie bisher immer ganz hinten im Kopf versteckt haben. Empfinden Sie den Spaß daran, »ungelegte Eier« zu formulieren und wenigstens schon auf dem Papier Gestalt werden zu lassen.

Denken Sie bitte bei dieser Arbeit an der »inneren Heldin« daran: Nichts ist zu gering, um aufgeschrieben zu werden. Denn die vielen kleinen Puzzlesteine zusammen ergeben das ganze

Bild. Sie werden selbst über all das staunen, was Sie so in die Waagschale werfen können. Dies ist Ihr Potenzial! Wäre doch gelacht, wenn sich niemand dafür interessieren würde!

Wenn Sie diese Liste verinnerlicht haben, dann
– gehen Sie anders
– stehen Sie anders
– schauen Sie anders
– reden Sie anders.

Versprochen: Wenn Sie sich innerlich aufrichten, bekommen Sie Gespräche auf Augenhöhe und Sie werden die Mitarbeiterin, deren Erfolge gesehen werden. Ich will ehrlich sein, ein »Aber« gibt es dabei: Manchmal kann die Umgebung diese selbstbewusste, starke Frau nicht ertragen. Dann können Sie sich immer noch entscheiden: Will ich mich wie früher bescheiden oder unbescheiden eine Alternative suchen?

Und ehrlich, es gibt eine Verheißung: Wenn Sie sichtbar werden, haben Sie die Chance, gesehen zu werden. Wenn Sie sich einen Namen im Unternehmen gemacht haben, kann dieser Name ins Spiel kommen, wenn eine spannende Position, ein spannendes Projekt vergeben wird. Wenn Sie als Selbstständige in der Branche bekannt sind, können Kunden auf Sie zukommen. Sichtbarkeit schafft eine Sogwirkung zum Erfolg.

Unterstützung: Starken Schultern vertrauen

Lassen Sie mich nochmal ehrlich sein, auf dem Weg zum Erfolg
gibt es viele schwache Stunden: »Es wird mir alles zu viel!« – »Wie komme ich da bloß hin?« – »Eigentlich müsste ich …« – »Wer kennt den richtigen Weg?« – »Wie soll ich das alles

schaffen?« – »Ich muss mal wieder ausschlafen!« – »Lohnt sich das wirklich?«

Ich hatte im letzten Herbst so eine Phase: Dieses Buch hatte längst Abgabetermin. Ich hatte in Bochum den Pilotfilm für eine neue Fernsehsendung gedreht. Ich hatte mit meinem Parfum-Hersteller mein Parfum entwickelt, die Produktion organisiert und jetzt ging es daran, die Vermarktung zu planen. Ich hatte mit einem Modelabel verhandelt, das an mir und an meinem Entwurf einer »Business Line« interessiert war. An der Asgodom Coach Akademie liefen zwei Lehrgänge parallel. Und »ganz nebenbei« war ich als Trainerin und Rednerin ausgebucht. Für meine Familie oder gar Erholungswochenenden war keine Zeit.

An einem Akademie-Wochenende saß ich verschnupft und erschöpft vor meinen Lehrgangsteilnehmer/innen und bekam plötzlich die Idee, mich von ihnen coachen zu lassen. Eine von ihnen, Renée, war mein Coach. Die Gruppe saß gespannt um uns herum. Sehr schnell kamen wir auf den Punkt: Ich hatte zu viel um die Ohren, aber ich wollte auf keines der Projekte verzichten. Also was tun? Plötzlich schrieb Renée das Zauberwort »Unterstützung« mitten auf das Flipchart (Alternativ-Rad nenne ich diese Kreativmethode).

Ich starrte das Wort an und nickte nur noch: Ja, das war's! (Man fragt sich, warum bin ich da nicht alleine draufgekommen? Die Antwort: Für andere ist man meist schlauer als für sich selbst.)

Renée notierte für mich rings um das Zauberwort:
- Was muss ich selber machen?
- Was kann mir jemand abnehmen?
- Wobei kann ich Unterstützung gebrauchen?

– Wer kann mich unterstützen?
– Wie sieht diese Unterstützung aus?
– Was muss ich noch bedenken?

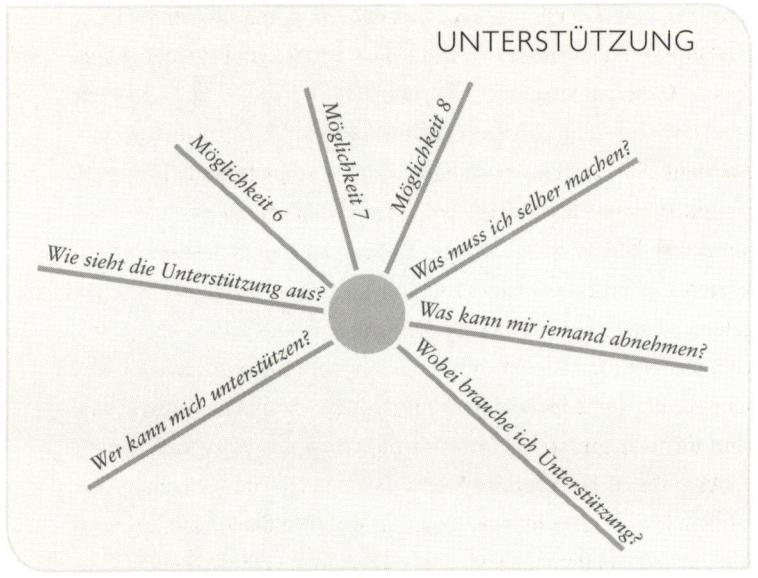

UNTERSTÜTZUNG

Möglichkeit 6
Möglichkeit 7
Möglichkeit 8
Wie sieht die Unterstützung aus?
Was muss ich selber machen?
Was kann mir jemand abnehmen?
Wer kann mich unterstützen?
Wobei brauche ich Unterstützung?

Und sofort fielen mir ein halbes Dutzend Menschen ein, die mir in den folgenden Wochen helfen konnten, in diesen Projekten nicht unterzugehen und dieses Buch fertig zu schreiben. Renée schrieb sofort eine To-do-Liste für mich: Die Freundin fragen, die Kollegen beauftragen, die Aushilfe engagieren ... Und immer streng mit einem Termin dahinter: »Wann wirst du die fragen?« »Bis wann wirst du die anrufen?« »Wann wirst du das abgeben?«

Nach nicht einmal zwanzig Minuten bedankte ich mich getröstet und zuversichtlich bei meinem Coach (nach nur vier Monaten Ausbildung war Renée schon ein grandioses Gegenüber). Ich konnte wieder Land sehen, meine Gedanken entwirrten sich, Stress fiel von mir ab, meine Schultern entspannten sich. Hoffnung machte sich breit. Jawohl, ich würde die anstehenden zwei Monate gut überstehen. Was ich persönlich sehr spannend finde: Ich habe in den letzten Jahren sehr viel Fortschritte beim Thema »Mir helfen lassen« gemacht, aber in der absoluten Stress-Situation war mein Hirn nicht in der Lage, dieses Wissen abzurufen.

»Das kann ich schon alleine!« – »Ich weiß, du bist Amanda, das deutsche Kraftweib!« Dieser Dialog steht bei mir für einen langen Prozess des Umdenkens, des Weicherwerdens, der Öffnung zur Leichtigkeit. Dieser Prozess hat mein Leben in den letzten sechs Jahren nachhaltig verändert. Ich habe vorher das gelebt, was ich den »Fluch der starken Frauen« nenne. Ich kann viel, ich schaffe viel, ich bin stark, ich bin ausdauernd, ich bin schnell, ich habe jede Menge Energie, ich kann mich quälen … Und das war gut so.

Aber das Bessere ist der Feind des Guten. Und was ich in den letzten Jahren gelernt habe, ist: Ich muss nicht alles selbst tun. Ich darf mir helfen lassen. Ich darf um Hilfe bitten. Das gilt für mein Privatleben genau wie für meinen Beruf. Ich muss nichts mehr beweisen, ich bin schon etwas (wie ein weiser Mann mal gesagt hat).

Das hieß im Einzelnen: mühsam Verantwortung abgeben; genießerisch mich verwöhnen lassen. Es hieß einsichtig, Arbeit abzugeben, die nicht ich unbedingt tun muss. Es hieß, »Stopp!« zu rufen, wenn es mir zu viel wurde. Es hieß, abgeben, aufgeben, Grenzen erkennen, zufrieden sein, Stärke spüren, gehalten werden, Geborgenheit.

Was vielleicht dramatisch klingt, bestand und besteht aus einem Prozess von vielen winzigen Mäuseschritten. Ich gebe all die Tätigkeiten ab, die jemand anderes genauso gut für mich machen kann. Ich muss nicht den schweren Koffer tragen, wenn jemand da ist, der es gern für mich tut. Ich muss nicht selbst die E-Mails beantworten, wenn jemand da ist, der es für mich tun kann. Ich muss nicht selbst den Entkalker und das Küchen-papier kaufen, wenn jemand mir das abnehmen kann. Ich muss nicht selbst im Internet googeln, wenn ich etwas recherchiert haben will. Ich muss nicht mehr selbst zur Reinigung gehen, Bügeln, die Blumen bestellen. Ich weiß, ich könnte es, aber es ist sinnvoll, dass mir jemand das abnimmt.

Denn dann kann ich mit großer Konzentration und Ruhe das machen, was nur ich kann. Meine Reden halten, meine Coachings machen, meine Seminare geben, meine Bücher schreiben. Und das ist der Luxus des Sichhelfenlassens in meinem Leben: Ich habe Menschen um mich herum, die mir Freiraum schaffen. (Ich musste mich nur wieder daran erinnern.)

Ich genieße es inzwischen, wenn mein Mann nach einem Vortrag den Laptop abbaut und meinen Koffer im Auto ver-staut. Und ich mich in der Zwischenzeit in aller Ruhe mit den Zuhörern unterhalten kann. Ich genieße es, wenn meine Tochter völlig eigenständig einen Kongress organisiert, dort auch die »Chefin im Ring« ist und ich mich auf meine Eröffnungsrede konzentrieren kann. Ich genieße es, wenn meine Office-Manage-rin sich um den Büroumzug kümmert und ich einfach die Schlüs-sel in Empfang nehme.

Was ich bei all dem gelernt habe: Helfen lassen ohne Ver-trauen geht nicht. Helfen lassen heißt auch: sich auszuliefern, der Anständigkeit, dem guten Willen und dem besten Bemühen von anderen. Übrigens: Manches mache ich weiter, obwohl es jemand anderes könnte oder sogar besser könnte, weil es mir einfach Spaß macht: Kochen zum Beispiel. Aber das ist auch Meditation im Alltag.

Und jetzt noch einmal für alle: Sie brauchen *Unterstützung*! Ich kenne viele andere Frauen, die ebenfalls arbeiten wie ein Pferd, die alle Probleme schultern, die Unmögliches möglich machen– und denen es so verdammt schwerfällt, sich dabei helfen zu lassen. Aber Sie brauchen Unterstützung, wenn Sie den Erfolg erreichen wollen, den Sie doch so hingebungsvoll anstreben. Sie brauchen Unterstützung in Ihrem privaten und im beruflichen Umfeld. Beschriften Sie Ihr eigenes Alternativ-Rad:

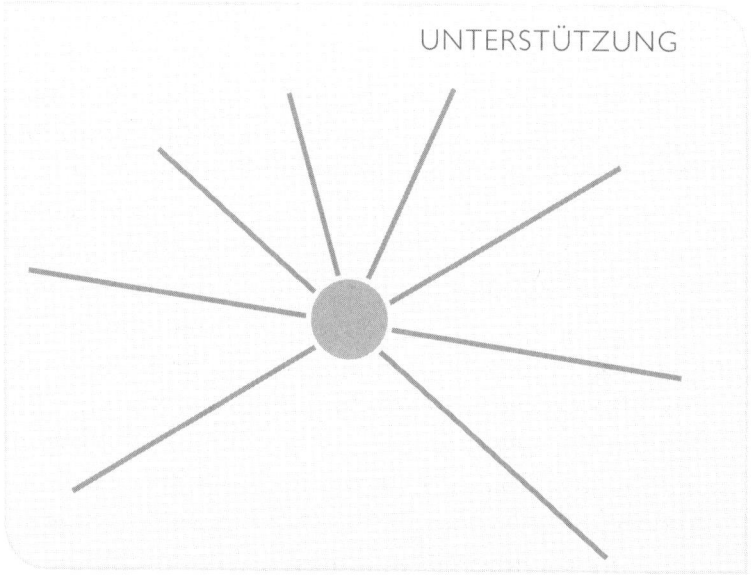

UNTERSTÜTZUNG

- Wer springt ein, wenn die Kinderbetreuung ausfällt?
- Wer kann Ihnen zwei Wochen lang im Haushalt helfen, während Sie die Schlussarbeit für Ihre Weiterbildung schreiben?
- Wer kann Ihnen im Unternehmen Türen öffnen, damit Sie beweisen können, welches Potenzial in Ihnen steckt?

- Wer aus Ihrem Bekanntenkreis kennt jemanden, der Ihnen eine Chance gibt?
- Wer hält Ihnen den Rücken frei, bis Ihr wichtiges Projekt abgeschlossen ist?
- Wen können Sie fragen, wenn Sie nicht mehr weiterwissen?
- Wer kommt vorbei und bringt Ihnen einen Teller Suppe, während Sie krank daniederliegen?
- Wem können Sie Ihre Ideen erzählen, der Ihnen ein ehrliches, aber nicht entmutigendes Feedback gibt?

Es ist gar nicht so einfach, Hilfe und Unterstützung von anderen annehmen zu können. Wie oft haben Sie sich schon sagen hören: »Danke, das schaffe ich schon alleine?« Obwohl Unterstützung das Leben erheblich einfacher gemacht hätte? Jede Frau, auch die allerehrgeizigste (oder gerade die) hat ein Recht darauf, sich helfen zu lassen.

Warum fällt dies nur so verdammt schwer? Ganz oft stecken Botschaften dahinter, die wir schon in der Kindheit mitbekommen haben. Die können »Geht nicht gibt's nicht« heißen oder »Du schaffst das schon!« Gerade Vater-Töchter (also die, in die der Vater sehr hohe Erwartungen gesteckt hat) überfordern sich sehr oft, weil sie meinen, um jeden Preis alles selbst können und schaffen zu müssen.

Denken Sie daran: Die gelassene Karriereplanung schließt ein sinnvolles Delegieren und um Unterstützung bitten mit ein. Denn Sie sind es wert, dass Ihnen geholfen wird! Und in manchen Situationen kann es auch richtig sein, sich ein Coaching zu gönnen, sich also von einer Fachfrau oder einem Fachmann begleiten und helfen zu lassen:

- Ob Sie Ihre Work-Life-Balance verbessern wollen oder ein Karriereziel ansteuern.

– Ob Sie überlegen, sich selbstständig zu machen oder kürzer
  zu treten.
– Ob es um Ihre Kinder oder um Ihre Eltern geht,
andere Menschen können Ihnen helfen, praktikable Lösungen
zu finden. Oder wie ich gerne sage: Viele Menschen können coachen. Warum sind die meisten Menschen für andere klüger als
für sich selbst? Weil sie den Draufblick auf die Situation haben.
Sie haben meist den nötigen Abstand, um Zusammenhänge zu
sehen. Und ohne die emotionale Verstrickung fällt ihnen eher
der Ansatz für eine »greifbare« Lösung auf.

Überlegen Sie für sich, wer Ihnen dabei helfen könnte, Herausforderungen zu meistern, Strategien zu entwickeln oder Per-
spektiven zu vergleichen: Ist es ein ehemaliger Kollege, den Sie
schätzen? Ist es eine Bekannte, deren Klugheit Sie überzeugt?
Ist es eine Tante, deren Lebensweisheit Sie bewundern? Trauen
Sie sich, fragen Sie: »Ich brauche in einer bestimmten Frage
Klarheit. Könntest du / Könnten Sie sich vorstellen, mir dabei zu
helfen?«

Dabei geht es nicht um Beratung, sondern es geht darum,
dass dieser Mensch sich Zeit nimmt, mit Ihnen gemeinsam Ihre
Situation, Ihre Wünsche und die Umsetzungsmöglichkeiten anzuschauen, abzuwägen und Ihnen zu helfen, die für Sie richtige
Entscheidung zu treffen. In meinem Buch »So coache ich«
finden Sie dazu jede Menge fachliches »Werkzeug«.

Hier habe ich Ihnen einige hilfreiche Fragen zusammen-
gestellt, die sich im Kurzcoaching bewährt haben, weil sie
Sie selbst oder Ihren Gesprächspartner zum Nachdenken und
Reden bringen:
– Was hättest du am liebsten, was geschehen soll?
– Was war dein erster Gedanke dazu?
– Was ist dein stärkstes Argument?

- Heißt das, du würdest lieber …?
- Was hat der andere davon?
- Welche Aber hast du noch im Kopf?
- Was wäre die einfachste Lösung?
- Wer kann dir dabei helfen?
- Was hält dich davon ab, es zu tun?
- Was könnte schlimmstenfalls passieren?
- Und bestenfalls?
- Ab wann wirst du was tun?
- Was muss sich ändern, damit du …
- Willst du es wirklich?
- Was würde passieren, wenn …?
- Was bist du bereit zu riskieren?

Unterstützung von einer Gruppe: Eine zauberhafte Idee möchte ich Ihnen noch vorstellen, die vor über 20 Jahren aus Amerika zu uns gekommen ist, die Idee von »Erfolgs-Teams« – oder »Qualitäts-Zirkeln« oder »Mastermind-Gruppen« wie sie auch genannt werden (Mastermind: Vordenker, Superhirn). Wie funktionieren solche Selbstcoaching-Gruppen?

Suchen Sie sich drei, vier andere Menschen, egal ob Frauen oder Männer, die ebenfalls aktiv ihr Leben gestalten wollen oder ein konkretes Projekt verfolgen. Oft reicht es schon, im weiteren Bekanntenkreis über die Idee zu reden, und es finden sich Interessenten. Ziel ist es, sich gegenseitig zu helfen, selbstgesteckte Ziele zu erreichen. Sie kennen das selbst, wenn Sie sich etwas vornehmen und anderen davon erzählen, ist der innere Druck höher, es tatsächlich anzupacken.

52 Diese Gruppen sind selbst organisiert und treffen sich regelmäßig, zum Beispiel einmal im Monat oder im Vierteljahr, und alle Mitglieder formulieren Ziele, die sie im kommenden Jahr

umsetzen wollen. Bei jedem Treffen erzählt jedes einzelne Mitglied, was es sich vorgenommen und was es umgesetzt hat. Was gelungen ist und wo es nicht vorangeht. Die anderen geben Feedback und stellen Fragen dazu, sie erzählen von ihren Erfahrungen und bringen Ideen ein. Erfolge werden berichtet und gefeiert. Sie können sich treffen, skypen oder telefonieren – wichtig ist die Regelmäßigkeit.

Ich selbst habe seit Längerem eine solche Mastermindgruppe mit drei Kollegen und schätze und genieße die Treffen sehr, weil ich immer mindestens eine Erkenntnis für mich mitnehme. In diesem Fall sind es männliche Kollegen, auch das schätze ich, weil von Männern andere Impulse kommen als von Frauen. Sie sind sehr fokussiert, es werden ganz konkrete Maßnahmen besprochen zum Beispiel zum Thema Produktentwicklung, mit einem intensiven wirtschaftlichen Hintergrund (ja, ich will auch Geld verdienen, aber ich merke, dass die Jungs sehr viel direkter rangehen).

Ich glaube an die Erfolge von Selbstcoaching-Gruppen, ich weiß aber auch, dass es in manchen Lebenssituationen eine gute Investition ist, sich von einer Expertin oder einem Experten coachen zu lassen. Besonders dann, wenn es um Lebensentscheidungen geht wie berufliche Veränderungen, dem Wunsch, sich selbstständig zu machen. Oder wenn sich im Alter um die 40 herum die Sinnfrage stellt – will ich die nächsten 20, 30 Jahre so weitermachen? Das kann doch noch nicht alles gewesen sein! Übrigens: Je konkreter der Lösungswunsch, umso weniger Zeit braucht ein guter Coach, Ihnen zu helfen, Entscheidungen zu treffen, Lösungswege zu beschreiben und ins Handeln zu kommen.

Im Folgenden stelle ich Ihnen eine wunderbare Übung aus dem Selbstcoaching vor:

DER PERSPEKTIVENWECHSEL

Für andere sind wir meist schlauer als für uns selbst. Deshalb ist ein beliebtes Tool im Coaching der Perspektivenwechsel. Am einfachsten geht es so:

– Sie stellen sich vor, Ihre beste Freundin, liebste Schwester oder geschätzte Kollegin würde Ihnen das erzählen, worüber Sie selbst klagen.
– Was würden Sie ihr dann antworten?
– Was würden Sie ihr raten, wenn Sie es gut mit ihr meinen würden?
– Plötzlich ist alles sonnenklar.

Nach meiner Erfahrung wissen 99 Prozent aller Klientinnen genau, was zu tun wäre und würden es anderen auch so sagen. Jetzt müssen sie nur noch auf sich selbst hören – und sich trauen, es umzusetzen.

Chancen: Zugreifen, solange der Vorrat reicht

Das erste C steht für Chancen nutzen. Es ist eine weit verbreitete Überzeugung: Karriereplanung nur dann, wenn Sie auch ein Karriereziel haben. Doch die wenigsten Frauen können genau sagen, wo sie in fünf Jahren angekommen sein wollen. Suchen Sie den Top-Job, der Sie fordert? Suchen Sie die kreative Nische, in der Sie sich austoben können? Wollen Sie in fünf Jahren einen Job, in dem Sie ruhig ein, zwei, drei Kinder bekommen können? Oder haben Sie schon ganz genau den Stuhl im Visier, auf dem Sie in spätestens zwei Jahren sitzen wollen?

Ich finde solche Fragen schwierig, und ich hätte für mich selbst in den letzten 40 Jahren kaum überzeugende Antworten gefunden. Ich mache auch mit meinen Klientinnen keine Übungen: Wo wollen Sie in fünf oder zehn Jahren sein? Woher sollen wir wissen, wie die Welt in zehn Jahren tickt? Ob es unseren Beruf überhaupt noch gibt, ob sich nicht wesentlich spannendere Chancen für uns auftun? Und darum geht es: Chancen für sich zu erkennen und zu ergreifen.

Das heißt nicht, dass ich ziellos durch mein Berufsleben gestolpert bin. Aber ich war und bin eher der Hier-und-Jetzt-Typ. Das, was ich gemacht habe, habe ich mit vollem Einsatz gemacht, egal, ob ich Redakteurin, Sekretärin oder Betriebsrätin gewesen bin. Und wenn sich eine neue Chance ergeben hat, die mich gereizt hat, dann habe ich beherzt zugegriffen: den Job gewechselt, das Buch geschrieben, mich selbstständig gemacht, die große Bühne erobert, mich im Fernsehen ausprobiert. Auch wenn es kein ausformuliertes Langfristziel gab – *wie* ich leben wollte, das war mir immer klar. Davon hatte ich ein Bild: Selbstbestimmt und mit viel Spaß, mit Menschen, die ich mag, und Herausforderungen, die mich reizen.

Frauen, die ihre Zukunft eher im Nebel sehen und noch gar nicht wissen, in welche Richtung sie überhaupt loslaufen wollen, empfehle ich, auf innere Bilder zu achten. Denn dadurch »sehen« sie manchmal, was ihnen beim nüchternen Nachdenken nicht auffallen würde. Was sich in meinen Coachings seit Jahren bewährt hat, ist die sogenannte »Visionsreise«. Angeleitet durch einige festgelegte Fragen, erscheinen in der Entspannung Bilder vor dem inneren Auge, die etwas über Wünsche und Sehnsüchte aussagen, und manchmal werden dadurch Einstellungen sichtbar, die vorher gar nicht klar waren.

Vielleicht haben Sie auch Lust auf eine solche »Visionsreise«?

Suchen Sie sich einen ruhigen Raum, in dem Sie nicht gestört werden. Schließen Sie die Augen und folgen Sie immer einer der gestellten Fragen, die ich für Sie aufgeschrieben habe. Warten Sie, bis Sie ein Bild davon haben. Dann öffnen Sie die Augen, lesen die nächste Szene und tauchen wieder in Ihre Phantasie ein. Schreiben Sie am Ende auf, welche Bilder Sie gesehen haben.

- Stellen Sie sich vor, es ist drei Jahre später. Sie haben viel erreicht in Ihrem Leben. Sie gehen zur Arbeit.
- Sie kommen an das Gebäude, in dem Sie arbeiten. Wie sieht es aus?
- Welcher Name steht in großen Leuchtbuchstaben am Eingang?
- Sie gehen zu Ihrem Arbeitsplatz: Welches Schild steht an Ihrer Tür?
- Sie gehen hinein. Wie schaut Ihr Arbeitsplatz aus? Welche Möbel stehen dort, welche Geräte?
- Auf einem Tisch liegt Post. Wer schreibt Ihnen? Können Sie die Absender lesen?
- Das Telefon klingelt. Wer ruft Sie an? Was will der Mensch mit Ihnen besprechen?
- Ein Mitarbeiter, eine Mitarbeiterin kommt herein. Was will die Person mit Ihnen besprechen?
- Der Arbeitstag ist zu Ende. Sie gehen abends mit einigen Leuten in ein Restaurant, denn es gibt etwas Berufliches zu feiern. Was ist es?

So eine Visionsreise kann Ihnen helfen, Wünsche, die tief im Unterbewusstsein verhakt sind, bewusst zu machen. Vielleicht sind Sie erstaunt darüber, wo und wie Sie sich in Ihrer Zukunft »gesehen« haben. Aber durch die meditative Stimmung haben auch Sehnsüchte eine Chance, gehört zu werden, die unsere innere Kritikerin sonst zum Schweigen bringt.

Wenn sich Ihre Wünsche deutlich zeigen, schreiben Sie sie gleich auf. Am besten mit großen Buchstaben auf einen Zettel, den Sie irgendwo platzieren, wo Sie ihn regelmäßig sehen können, damit Sie Ihre Wünsche nicht aus den Augen verlieren. Der große Vorteil einer solchen Vision eines geglückten Lebens: Bei jeder Chance, die sich auf Ihrem Berufsweg zeigt, können Sie kurz abchecken: Führt sie mich meiner Vorstellung vom Leben näher? Wenn ja, zugreifen!

Charme: Überzeugen ohne Popowackeln

Okay, ich brauchte ein zweites »C«. Aber charmant passt wirklich. Und überzeugen sowieso. Und das sage ich, die ich 20 Jahre lang die »Macheten«-Frau gewesen war – immer zum Kampf bereit, streitlustig und besserwisserisch. Die Frau, die gelernt hatte, dass man nichts geschenkt bekommt, dass man für jeden Erfolg hart arbeiten muss. Und überhaupt – wenn ich Recht hatte, hatte ich Recht. Ist es die Gnade des Älterwerdens, die Müdigkeit aus den ewigen Kämpfen, die Gelassenheit der Erfahrung? Wie auch immer, heute weiß ich, dass ich 90 Prozent der Kämpfe vermeiden kann, wenn ich charmant überzeuge. (Und das bedeutet nicht Popowackeln und Wimpernklimpern.)

Das ursprünglich französische Wort Charme heißt in der deutschen Übersetzung »Liebenswürdigkeit« oder »gewinnende Wesensart«. Und beide Übersetzungen zeigen in die richtige Richtung: Übersetzen Sie Liebe mit Wertschätzung, Würde mit eigener Würde und Würde des anderen, und »Gewinnen« mit Ziele erreichen, ohne den anderen zu besiegen.

Ein Beispiel aus meiner eigenen Praxis: Ich präsentiere in ei-

nem Unternehmen dem Leiter Personalentwicklung, der Frauen-
beauftragten und einer Referentin aus dem Weiterbildungs-
bereich die Idee eines Frauen-Führungs-Seminars. Die beiden
Frauen habe ich nach drei Minuten auf meiner Seite, das spüre
ich – sie nicken heftig mit dem Kopf, wissen nach einem Halb-
satz von mir, was ich meine. Der ca. 50-jährige Mann in unserer
Runde ist erst skeptisch und dann irritiert, wir sind ihm offensichtlich zu schnell und zu einig. Ich merke, wie seine von hefti-
gem Stirnrunzeln begleitete Ablehnung wächst, gar nicht gut,
weil er das Budget für die Maßnahme genehmigen muss.

Als »Macheten«-Frau hätte ich jetzt meine Dolche herausge-
zogen – am besten in jeder Hand einen, nach dem Motto: »Ja
klar, Sie finden das wieder doof, warum sollte man Frauen
bestärken, die Chefsessel zu erobern …?« Gottseidank bin ich
diesem Stadium mittlerweile entwachsen und etwas klüger: Ich
unterbreche meine Präsentation, sehe ihn interessiert-freundlich
an und sage langsam und nachdenklich: »Wenn ich mir das
recht überlege, Herr X, was wirklich fantastisch wäre, wenn Sie
es ermöglichen könnten, wenigstens eine Stunde zu uns ins
Seminar zu kommen und den Damen die Personalentwicklungs-
grundsätze Ihres Unternehmens zu erläutern.« Während ich
noch spreche, änderte sich seine Körperhaltung, er richtet sich
auf, wiegt bedächtig den Kopf und antwortete dann: »Ich weiß
nicht, ob ich das jedes Mal ermöglichen kann, aber grundsätzlich …«

Wir haben dieses Seminar viele Jahre durchgeführt, und mein
Verbündeter (ja, das wurde er) war jedes (!) Mal eine Stunde mit
von der Partie. Die Teilnehmerinnen fühlten sich geehrt und
konnten sogar ihren Vorgesetzten gegenüber damit punkten:
»Herr X hat mir bestätigt …« Danke, liebe Ja-natürlich-kann-
ich-mich-ändern-Überzeugung.

Was heißt das für Sie auf Ihrem Weg zum Erfolg? Überlegen Sie, wie Sie Wertschätzung und kluges Verhalten einsetzen können. Können Sie sich bemühen, Verbündete zu finden anstatt sich Feinde zu machen? Im übernächsten Kapitel zeige ich Ihnen an einigen Beispielen, wie Sie durch kreative Lösungen ärgerliche Konflikte entschärfen und Feindschaften vermeiden und sogar auflösen können. Damit Sie Ihre Energie gezielt für Ihre Ziele einsetzen können.

Elan: Den Laden tüchtig aufmischen

Während wir also ganz gelassen im Hier und Jetzt unsere Signalfähnchen schwingen, heißt es gleichzeitig, in der Praxis zu zeigen, was in uns steckt. Aber halt, bevor Sie das Ackern anfangen: Das Beste geben heißt nicht, sich totzuschuften oder hektisch Wellen zu machen. Ich glaube zwar nicht an den Slogan »Brave Mädchen arbeiten, die anderen machen Karriere!« Aber sich die Zeit zu nehmen, darüber nachzudenken, was und wie ich es tue, gehört durchaus zur gelassenen Karriereplanung.

Vielleicht kennen Sie schon das Pareto-Prinzip, auch das 20/80-Prinzip genannt: Es besagt, dass ich mit 20 Prozent der zu leistenden Aufgaben schon 80 des Erfolges erreichen kann – wenn ich die richtigen 20 Prozent anpacke. Für den Beruf bedeutet das: Prioritäten setzen. Die wichtigen Dinge zuerst erledigen. Was in Ihrem Fall am wichtigsten ist, wissen Sie selbst, Sie sind die Expertin auf Ihrem Gebiet.

Denken Sie dabei auch an Ihre Zielgruppe: Es ist manchmal wichtiger, die Hausmitteilung über Ihren letzten Erfolg bei Kunden an Ihre Führungskräfte zu schicken als die Ablage zu erledigen. Es ist besser, sicher für eine prestigeträchtige Aufgabe zu melden, auch wenn es mal eine Extraportion Arbeit bedeutet, als sich immer wieder Arbeiten aufs Auge drücken zu lassen, die nur lästig und langweilig sind und Ihren Status nicht heben.

Oft lenken wir uns aber mit vermeintlich dringenden Arbeiten ab, anstatt die wirklich entscheidenden Aufgaben zu erledigen. Das gilt für Angestellte wie Selbstständige. Eine Architektin hat mir erzählt, wie sie sich selbst sabotiert: »Oft räume ich erst nochmal den Schreibtisch auf, anstatt endlich das wichtige Konzept fertigzustellen und abzugeben.«

Die amerikanische Autorin Diane Ealy erklärt dies mit dem »prozessorientierten« Arbeiten von Frauen, während Männer eher »produktorientiert« seien. Kurz gesagt: Ein Mann würde auch ein Konzept, das mittelprächtig ist, abgeben, um die Sache ins Laufen zu bringen. Während eine Frau immer und immer noch Verbesserungsmöglichkeiten sieht, die sie daran hindern, endlich das Ergebnis abzugeben – und damit der kritischen Betrachtung bloßzustellen.

Falls Sie manchmal Probleme haben, Projekte rechtzeitig abzuschließen, hilft Ihnen vielleicht eine kleine Übung: Schließen Sie die Augen und stellen Sie sich vor, wie Sie sich fühlen werden, wenn Sie abgegeben haben. Spüren Sie diese Freude, diese Genugtuung. »Sehen« Sie auch das fertige Projekt – das ist Ihr Werk! Sobald Sie den Prozess und sein Ergebnis einmal intensiv visualisiert haben, können Sie die Sache voller Elan über die Ziellinie bringen – ohne Krampf und Verbissenheit, sondern mit der Überzeugung, Ihr Bestes zu geben.

60 Hier noch eine weitere kleine Übung, mit der Sie Ihr persönliches Vertrauen auf die Zukunft jeden Morgen kurz stärken können. Von der großen Verhaltensforscherin Margaret Mead

wird erzählt, dass sie sich jeden Morgen im Spiegel zurief: »Gott sei Dank, dass ich Margaret Mead bin!« Stellen Sie sich vor einen Spiegel, lächeln Sie sich an und sagen Sie laut: »Ich freue mich ... zu sein.« Fügen Sie dabei Ihren Namen ein. Anfangs wird das noch recht leise sein, steigern Sie die Lautstärke und Sie werden merken, welches Hochgefühl sich im Körper ausbreitet. Nehmen Sie diesen Schwung mit in den Tag. So sind Sie hellwach und hochpräsent, wenn Sie an ihrem Arbeitsplatz einlaufen.

Souveränität: Den Gegner einfach niederknutschen

Sind Sie eher der laute Typ oder der leise? Sind Sie eher die Rampensau, die gerne vorne auf der Bühne steht, oder die in der zweiten Reihe? Möchten Sie zeigen, was Sie können, oder sich auf das wirklich Wichtige konzentrieren? Bei all dem gibt es einen Begriff, der Sie überzeugend wirken lässt: Souveränität. Bedeutet: Sie entscheiden über Ihr Leben, Sie entscheiden, wie Sie auftreten, Sie entscheiden, wie Sie agieren oder reagieren. Natürlich hat das mit Verantwortung zu tun. Meine Großmutter pflegte zu sagen: »Wenn du mit einem Finger auf andere zeigst, weisen drei Finger auf dich zurück!« (Probieren Sie mal aus, es stimmt). Als Kind fand ich die Bemerkung nur belehrend, heute weiß ich, dass sie immer und überall stimmt. Wie viele Frauen kennen auch Sie, die immer andere für ihr Leben verantwortlich machen: »Hätten meine Eltern mich anders erzogen, wäre mein Mann nicht so stur, wäre meine Chefin nicht so ungerecht ...«

Der amerikanische Professor Jonathan Haidt hat in einer soeben erschienenen Studie fünf Punkte gefunden, die für ein geglücktes Leben verantwortlich sind: Neben Selbstwertgefühl, Selbstsicherheit und guten Beziehungen, sind es vor allem Autonomie und Kompetenz:
– Was ich tue, habe ich selbst bestimmt und für wert erachtet
– Was ich tue, mache ich richtig.
Wenn wir anderen Menschen oder gar den »Umständen« Macht über unser Leben geben, wenn wir ihnen erlauben, unser Verhalten zu beeinflussen, unser Lebensglück zu trüben, dann geben wir unsere Souveränität auf. Der große indische Friedensrevolutionär Mahatma Gandhi hat einmal geschrieben: »Sei du selbst die Veränderung, die du in der Welt sehen willst.« Heißt: Verlass dich auf dich selbst, fang bei dir selber an. Und er hat auch geschrieben: »Niemand kann dir weh tun ohne deine Zustimmung!« Heißt: Wir geben die Erlaubnis, dass uns jemand kränkt, oder wir lassen uns nicht kränken. Wir regen uns über jemanden auf oder wir entscheiden uns, uns nicht aufzuregen. Und noch ein weises Ghandi-Wort: »Wenn du im Recht bist, kannst du dir leisten, die Ruhe zu bewahren; und wenn du im Unrecht bist, kannst du dir nicht leisten, sie zu verlieren.«

Natürlich leben wir in Beziehungen, werden beeinflusst, müssen Rücksicht nehmen und die Folgen des Handelns anderer ertragen. Doch wie wir damit umgehen, ist unsere eigene Entscheidung. Oder, wie ich einmal gelesen habe: 15 Sekunden Ärger ist Reflex, danach entscheiden wir uns, uns zu ärgern.

Gerade wie wir mit Ärger umgehen, zeigt, wie souverän wir sind. Nach meiner Erfahrung braucht es eine Art »Werkzeugkoffer« dafür. Stellen Sie sich vor, ein Kollege oder eine Kollegin möchte Ihnen schaden, und provoziert Sie immer wieder, zum Beispiel in Konferenzen oder bei Besprechungen. Wie können

Sie darauf souverän reagieren? Ich habe Ihnen einmal meine »Smile-Strategie« für unverschämte Angriffe aufgeschrieben. Sie beinhaltet sieben verschiedene »Werkzeuge« für Angriffe unter der Gürtellinie. Warum unterschiedliche? Weil es nicht immer angesagt ist, mit dem schweren Säbel darauf zu reagieren. Warum »Smile«, weil Sie jedes Werkzeug lächelnd benutzen können – mit der Abstufung von freundlich bis eiskalt:

1. **Abtropfen lassen.** Ein Kollege sagt zu Ihnen während eines Projektmeetings: »Dass Sie das als Frau so sehen, war mir ja klar.« Was tun? Statt ihm mit den Fingernägeln durchs Gesicht zu fahren, legen Sie einen gekonnten Augenaufschlag hin und fragen ihn lächelnd: »Wie meinen Sie das?« Er wird noch einmal ansetzen, beispielsweise: »Immer gehen Sie so emotional an die Sachen heran.« Sie lächeln und fragen wieder: »Ich verstehe nicht, können Sie Ihre Aussage konkretisieren?« Bis der andere verunsichert aufgibt: »Ach, vergessen Sie's!«

2. **Ich-Botschaften senden.** Ein Vorgesetzter hat Sie vor Kunden oder Kollegen bloßgestellt und Sie sind gekränkt. Statt einzuschnappen oder sich provozieren zu lassen, vermeiden Sie die Eskalation und suchen Sie später die Gelegenheit für ein Vier-Augen-Gespräch. Sagen Sie zu Beginn schlicht: »Es hat mich verletzt, dass Sie mich vorhin vor den Kunden so runtergeputzt haben.« Ihr Vorgesetzter wird a) erstaunt sein, er hat das gar nicht gemerkt, b) verwirrt sein, er hat das gar nicht so gemeint, oder c) zerknirscht sein, er entschuldigt sich. Egal, wie die Reaktion ist, er weiß, dass Sie sein Verhalten nicht hinnehmen. Am wichtigsten aber ist, dass Sie Ihren Gram loswerden und die Verletzung nicht ewig mit sich herumtragen. Damit Sie morgen wieder lächeln können.

3. Klarheit schaffen. Eine Kollegin fällt Ihnen vor der Abteilung in den Rücken. Statt sich mit ihr vor allen und zur Freude mancher ein Zickenduell zu liefern, überhören Sie ihre Provokation und versuchen sachlich zu bleiben. Am nächsten Tag greifen Sie sich die Dame in einer ruhigen Minute, sehen ihr gerade in die Augen, lächeln sie eiskalt an und sagen mit gefährlich fester Stimme ganz langsam: »Ich möchte nicht, dass du mich noch ein einziges Mal vor den Kollegen so von der Seite anredest. Hast du das verstanden?« Stoßen Sie keine Drohungen aus, gehen Sie lächelnd aus dem Zimmer, das wird genügen.

4. Sachlichkeit einfordern. Während eines Meetings geraten Sie mit einem Kollegen über einen Vorschlag in Streit. Er wird plötzlich ausfallend: »Was verstehen Sie denn davon, Sie haben ja noch nicht einmal Ihre eigenen Aufgaben im Griff.« Jetzt nur nicht in die Falle tappen, etwa die Bemerkung aufgreifen und sich rechtfertigen wollen, etwa noch mit überschlagender Stimme. Dann hat er sie genau da, wo er sie haben will, in der Position der Schwäche. Atmen Sie einmal ruhig durch, lächeln Sie ihn mit Ihrem zauberhaftesten Blick an, und sagen Sie mit allem Schmelz in der Stimme, zu dem Sie fähig sind: »Lieber Herr Meier, lassen Sie uns bitte sachlich bleiben.« Fahren Sie dann argumentativ fort. Wetten, dass der Respekt der anderen auf Ihrer Seite ist?

5. Platte mit Sprung. Vorschläge und Meinungen von Frauen werden in Konferenzen häufig und gern überhört. Statt mit dem Fuß aufzustampfen oder mit Stiften um sich zu werfen, probieren Sie doch einmal diese Methode aus: Wie eine kaputte Schallplatte wiederholen Sie Ihren Vorschlag, bis er endlich ernsthaft behandelt wird. »Können wir bitte über meinen Vorschlag abstimmen?« »Stimmen wir erst über meinen Vorschlag ab?« »Ich bitte Sie, jetzt über meinen Vorschlag abzustimmen.« Und das Lächeln dabei nicht vergessen, sehr selbstbewusst, ein bisschen verständnisvoll für die kleinen Dummerchen, die nicht durchblicken. Aber unerbittlich.

6. Eskalieren lassen. Manchmal geht es nicht anders – der andere hat Ihnen den Fehdehandschuh offiziell hingeworfen, die Angriffe sind ehrenrührig oder die üble Nachrede schwächt Ihr Ansehen? Dann kann es auch mal zum offenen Kampf kommen. In der Konferenz versucht jemand wiederholt, Ihnen das Scheitern eines Projekts anzuhängen? Sie haben es mit einem Vier-Augen-Gespräch versucht, haben um Sachlichkeit gebeten, nichts hilft? Dann ist vielleicht ein offener Schlagabtausch nötig. Klare Worte, direkte Ansprache: »Jetzt ist Schluss. Unterlassen Sie das …« Und dann wenden Sie sich lächelnd an die anderen Konferenzteilnehmer: »So, jetzt können wir hoffentlich konstruktiv weiterarbeiten.« Glauben Sie mir, Ihr Status steigt nach einer souveränen Replik. Gerade bei Männern steigert ein mutiger Gegenschlag ohne Hysterie und Tränen das Ansehen von Frauen.

7. Die Zauberfrage. Eignet sich vor allem für Vorgesetzte, die es oft gar nicht schätzen, von uns korrigiert oder gar kritisiert zu werden. Ein Beispiel – Ihr Vorgesetzter raunzt Sie an: »Mir gefällt nicht, wie Sie Ihre Berichte verfassen. So geht das nicht.« Statt beleidigt einen Schmollmund zu ziehen, fragen Sie lächelnd, den Kopf anmutig etwas zur Seite gebeugt: »Was schlagen Sie vor, wie müsste der Bericht sein, dass er Ihnen gefällt?« Das fällt Ihnen schwer? Hallo, er ist der Boss, und er darf sagen, wie er sich Berichte vorstellt, die ihn glücklich machen.

Das Gleiche gilt, wenn Ihr Chef mal wieder die Gehaltserhöhung abgelehnt hat. Statt zu schmollen, fragen Sie maliziös lächelnd: »Was schlagen Sie vor, was kann ich tun, damit ich mir eine solche Gehaltserhöhung verdiene? Was fehlt? Was kann ich verbessern?« Hey, er ist der Boss, soll er sich doch Gedanken darüber machen. Er wird dafür bezahlt, dass er auch Ihr Potenzial entwickelt.

Siege feiern: Rauf aufs Podest

Warum gibt es beim Sport Siegerehrungen mit Podest, Fahnen, Hymnen und oft Tränen der Rührung? Man könnte doch einfach feststellen, okay, die oder der hat gewonnen – weiter geht's zum nächsten Rennen. Weil sich die Momente der großen Erleichterung, der stillen oder jubelnden Freude dort oben auf dem Treppchen positiv in jeder Zelle einnistet. »Den Sieg auskosten«, sagt unsere Sprache, und »der Sieg der Tüchtigen«.

Und: Dieses Gefühl, eine der besten zu sein – genauso wie der Wunsch, da oben zu stehen – erhöht natürlich extrem die Selbstmotivation. Ohne dieses Bild vor Augen – warum sollten sich Sportler quälen, jeden Tag trainieren, immer und immer wieder nur unter ferner liefen zu sein, wenn es nicht die Hoffnung gäbe, dass die Bemühungen sich lohnen. Und das muss übrigens nicht immer das Treppchen sein. Auch die Erwartungen an die eigene Leistungsfähigkeit zu erfüllen, sprich die eigene Bestleistung zu steigern, macht froh.

66 Warum schaffen es so viele Frauen in unserem ganz normalen Berufsleben nicht, errungene Siege zu feiern? Sie reden von großen Leistungen, als wäre es der pure Zufall gewesen: »Ja, die

haben mich befördert, weil ich gerade zur Stelle war, die hatten wohl niemand anderen.« »Ja, wir haben letztes Jahr ein ganz gutes Ergebnis erzielt.« »Na ja, wir haben drei Patente angemeldet.« Wussten Sie, dass Männer »Ich« sagen, wenn sie von Erfolgen berichten und »Wir« wenn es um Misserfolge geht? Bei Frauen ist es genau andersrum.

Nutzen Sie den Energieschub von gefeierten Erfolgen. Brennen Sie sich dieses Gefühl der Großartigkeit in Ihre Seele (keine Angst, es können auch schon wieder Tage des Selbstzweifels kommen). Machen Sie sich selbst klar, wie grandios Sie eine Situation gemeistert haben. Fällt Ihnen das noch schwer? Dann empfehle ich Ihnen nachdrücklich, ein Erfolgstagebuch zu führen: Schreiben Sie jeden Abend auf, was Ihnen an diesem Tag gut gelungen ist. Sie werden nach einigen Wochen nachlesen können, wie gut Sie sind.

Und nehmen Sie sich tatsächlich Zeit, kleine und große Erfolge zu feiern: Gönnen Sie sich eine Auszeit nach anstrengenden Wochen. Laden Sie Freunde auf einen Schluck Sekt ein, wenn Sie Ihre Weiterbildung erfolgreich abgeschlossen haben – und bedanken Sie sich damit auch für die Unterstützung. Erzählen Sie gutmeinenden Menschen von Ihren Leistungen, seien Sie fröhlich und stolz. Echte Freunde und Freundinnen können das aushalten – und sich mit Ihnen freuen!

GROSSZÜGIGKEIT: KREATIVE
KONFLIKTLÖSUNGEN

Wie Sie an der SUCCESS-Formel gesehen haben, geht es beim Thema Erfolg auch um den klugen Energieeinsatz. Das gilt insbesondere für Konflikte, weil sie Kräfte zehren, Aufmerksamkeit schlucken und vom Wesentlichen ablenken können. Ich möchte Ihnen zeigen, wie Sie mit Großzügigkeit und Liebe Ihren Kränkungsknopf entschärfen, Konflikte auflösen können und sogar Gegner zu Verbündeten machen.

Großzügigkeit und Liebe heißt: die guten, die starken, die fröhlichen Seiten bei sich selbst und bei anderen Menschen erkennen und sie zum Zentrum des Lebens und Zusammenlebens machen. Jede Frau hat bereits am eigenen Leib und im eigenen Herzen erfahren, wie gut das tut. Der nahe liegende Gedanke ist, dieses Verständnis von Liebe auf unser Selbstverständnis zu übertragen.

Unsere Welt leidet nicht an zu viel Lebensfreude, sondern daran, dass wir oft nicht wissen, was fange ich an mit meiner angeborenen Begabung zur Liebe – zur Nächstenliebe, zur Achtung des anderen Menschen? Achtung beginnt mit Selbst-

Achtung. Liebe beginnt mit Selbst-Liebe. Wenn Lieben heißt, die guten, die starken, die fröhlichen Seiten erkennen und sie zum Zentrum des Lebens machen, richtet sich unser Blick dorthin, wo eine Änderung zum Guten entstehen und aufrechterhalten werden muss. Es ist der Blick in den Spiegel. Der Blick auf uns selbst.

Die Frau, die sich selbst liebt, so hat der Diplom-Psychologe (und klügste Ehemann der Welt) Siegfried Brockert festgestellt,

– … findet Geborgenheit in sich selbst, unter den Menschen und in ihren Aufgaben und Pflichten;

– … lebt in Liebe. Liebe ist das Wagnis, die eigenen positiven Seiten zu leben, die positiven Seiten der im eigenen Leben wichtigen Menschen zu erkennen und die Summe der positiven Seiten zum Zentrum des Lebens und Zusammenlebens zu machen;

– … lebt nicht in negativen Emotionen, lässt sie nicht auf Kosten anderer heraus, sondern lebt die positiven Emotionen: Freude, Zufriedenheit und Interesse am Leben, an anderen Menschen und an sich selbst;

– … ist kreativ und sieht sich als Schöpferin des eigenen Lebens, als Drehbuchschreiberin, als Regisseurin – und nicht einfach nur als Darstellerin, die vorgegebene und genehmigte Texte aufsagt;

– … hat Selbst-Vertrauen und weiß: »Ich werde nicht immer Erfolg haben, aber ich kann mich auf mich verlassen, darauf, dass ich mein Bestes gebe«;

– … spürt Lebens-Sinn und Lebens-Freude und strahlt beides aus;

– … besitzt und zeigt Charakter jenseits festgefahrener Lebensformen und im Sinne einer flexiblen Persönlichkeit;

– … zeigt Hoffnung und Optimismus – beides sind realistische

Sichtweisen des Lebens, bei denen auch die negativen Seiten frühzeitig erkannt und rechtzeitig bearbeitet werden.

Frauen mit Selbstliebe stehen allerdings nicht kurz vor der Heiligsprechung. Sie bejahen einfach nur die charakterlich guten Seiten in sich. Viel wäre gewonnen, wenn mehr Menschen die guten Visionen von sich selbst – und somit auch bei den anderen Menschen – nicht verdrängen, sondern als reale Möglichkeit im Blick behalten würden. Oder wie vor zirka zweihundert Jahren Johann Wolfgang von Goethe geschrieben hat: »Wenn wir die Menschen nur nehmen, wie sie sind, so machen wir sie schlechter. Wenn wir sie behandeln, als wären sie, was sie sein sollten, so bringen wir sie dahin, wohin sie zu bringen sind.«

Es gibt eine ganz einfache Möglichkeit, Großzügigkeit zu beweisen: Haben Sie Spaß! Denn sobald Sie zu lachen anfangen, verbinden Sie sich mit der ganzen Welt. Je mehr Sie also glücklich und lustig sind, umso weniger ernst nehmen Sie sich und die Probleme Ihres Egos. »Lachen ist dem Zustand der Erleuchtung am ähnlichsten.« Das hat der Dalai Lama gesagt. Ich rate Ihnen: Nutzen Sie Humor, um sich selbst mit der Welt und mit anderen Menschen zu versöhnen.

Das klingt einfach, ist aber schwer umzusetzen, denken Sie gerade? Ich möchte Ihnen zeigen, wie Sie mit ein bisschen Humor stressige, ärgerliche Situationen entschärfen können und tiefen Konflikten vorbeugen. Ich nenne das auch die Kieselstein-Strategie. Die meisten Konflikte entstehen, weil Menschen nicht offen oder nicht rechtzeitig miteinander reden. Dadurch wird aus dem kleinen Kieselstein des Ärgers ein Riesenfelsblock, der den Zugang zum anderen blockiert. Deshalb: Sprechen Sie aus, was Sie nicht mögen. Sprechen Sie rechtzeitig etwas an, was vermeintlich zwischen Ihnen und jemand anderem steht.

Ich möchte Ihnen an vier Beispielen zeigen, wie Humor, Ge-

lassenheit und Kreativität helfen können, Konflikte zu deeska-
lieren und das Verhältnis zu vermeintlichen Gegnern zu entspannen und zu verbessern.

1. Frieden schließen mithilfe eines Baguettes. Eine Frau, nennen
wir sie Bärbel, erzählt im Seminar folgende Geschichte: »Ich bin
die Assistentin des Vorstandes. Ich protokolliere die Vorstands-
sitzungen, ein Kollege muss noch einmal darauf schauen, nach
dem Vier-Augen-Prinzip, dann wird das Protokoll verteilt. Vor
einigen Wochen war es wieder soweit, Freitagvormittag war die
Sitzung, ich habe ganz schnell das Protokoll geschrieben und an
den Kollegen weitergeleitet. Es verging eine Stunde, er meldete
sich nicht. Ich wartete eine weitere Stunde, rief ihn an, er war
nicht an seinem Platz. Der Vorstandsvorsitzende fragte gereizt
nach, wann denn endlich das Protokoll käme. Irgendwann
wurde es mir zu bunt. Ich lief hinüber in das Büro des Kollegen,
er war nicht an seinem Schreibtisch. Ich war außer mir. Da kam
er ins Büro geschlurft, mit einem Baguette unterm Arm. Ich
habe ihn angeschrien, was er sich denn erlauben würde. Seitdem
herrscht Funkstille, er redet nicht mehr mit mir. Was kann ich
tun?«

Sie können sich vorstellen, Bärbel fühlte sich völlig im Recht
und erwartete, dass der Kollege den ersten Schritt machen müsste.

Ich fragte sie: »Glauben Sie, dass er es tun wird?«

Bärbel: »Nee, wahrscheinlich nicht.«

»Das heißt, Sie müssen den ersten Schritt machen?«

»Warum ich???«

»Weil er es nicht tun wird.«

»Hm.«

»Ich habe da eine verrückte Idee, was hielten Sie davon? Am
nächsten Freitag kaufen Sie mittags ein frisches Baguette, binden

eine große rote Schleife darum, gehen damit zu Ihrem Kollegen und schenken ihm das.«

»Warum sollte ich das tun?«

»Weil es irgendetwas auslösen würde.«

Eine Woche später schrieb Bärbel mir: »Ich habe es getan. Ich habe letzten Freitag ein frisches Baguette gekauft, eine große rote Schleife darum gebunden und bin damit zu meinem Kollegen gegangen. Ich habe es ihm mit den Worten überreicht ›Damit Sie heute nicht selbst gehen müssen. Übrigens: Für den Ton neulich möchte ich mich entschuldigen, über die Sache müssen wir nochmal reden.‹ Der Mann hat so gelacht, wie ich ihn noch nie habe lachen gehört. Wir sind wieder im Gespräch.«

2. **Gegner zu Verbündeten machen.** Eine Frau, nennen wir sie Melanie, erzählt in einem Seminar, dass sie im Führungskreis eine »widerliche« Kollegin hat, die jede ihrer Ideen abschießt. Egal, was sie vorschlägt, die andere schafft es, mit einigen sarkastischen Bemerkungen sie der Lächerlichkeit preiszugeben. Sie überlegt, sich bei ihrem Chef über die Kollegin zu beschweren.

»Melanie, wie wird Ihr Chef darauf reagieren?«

»Er hasst es, mit solchen Problemen konfrontiert zu werden. Für ihn ist das Weiberkram.«

»Wäre es dann nicht besser, eine andere Lösung zu finden?«

»Ja, aber wie?«

»Wäre es für Sie hilfreich, diese Kollegin zu Ihrer Verbündeten zu machen?«

Sie schnauft verächtlich.

»Ich habe da so eine Idee. Wie wäre es, wenn Sie rechtzeitig vor der nächsten Sitzung die Kollegin um zehn Minuten ihrer wertvollen Zeit bitten würden?«

»Und wenn sie nicht mit mir sprechen will?«

»Sie wird neugierig genug sein zu erfahren, was Sie von ihr wollen.«

»Könnte sein.«

»Dann starten Sie die Charme-Offensive. Ich spiele jetzt mal Sie. Frau X., ich weiß, Sie sind meine schärfste Kritikerin, deshalb bitte ich Sie heute um Hilfe.«

Melanie verdreht die Augen. »Die auch noch um Hilfe bitten?«

»Ja. Weiter: Ich möchte in der nächsten Sitzung ein Projekt präsentieren, das sehr wichtig für unsere Abteilung ist und wollte Sie bitten, ob Sie vorab einen Blick auf mein Konzept werfen könnten. Denn wenn jemand mögliche Schwachpunkte entdeckt, dann Sie.«

Melanie hyperventiliert.

»Nach meiner Menschenkenntnis wird sich die Kollegin geschmeichelt fühlen und Ihnen dann das Papier um die Ohren hauen.«

»Na klar wird sie das.«

»Ruhig Blut. Sie werden an Ihrem Konzept dadurch tatsächlich einiges verbessern können. Und dann gehen Sie in die Sitzung.«

Melanie hört mir jetzt gespannt zu.

»Sie beginnen: Ich freue mich, Ihnen ein für unsere Abteilung und damit fürs Unternehmen wichtiges Projekt vorstellen zu dürfen. Als Erstes möchte ich mich jedoch bei Frau X bedanken. Frau X., danke für die wertvollen Impulse, die Sie mir im Vorfeld gegeben haben. Ich habe Sie alle in mein Konzept eingearbeitet, und wir sind dadurch ein großes Stück weitergekommen.«

Melanie lacht leise in sich hinein.

»Frau X. haben Sie damit für dieses Meeting kalt gestellt. Sie sitzt jetzt offiziell mit Ihnen in einem Boot, die Dankbarkeitsbekundung wird ihren Sarkasmus wenigstens für einige Zeit stoppen. Und natürlich weisen Sie auf gute Ideen von ihr hin. Ehre wem Ehre gebührt. Schreiben Sie mir, wie es ausgegangen ist?«

Melanie nickt.

Zwei Wochen später kommt ihre E-Mail:»Liebe Frau Asgodom, Sie werden es nicht glauben. Aber meine Kollegin hat mir tatsächlich einige wertvolle Hinweise gegeben, auf die ich allein nicht gekommen wäre. Und sie hat mein Projekt in der Konferenz ausdrücklich unterstützt. Ich fasse es nicht.«

3. Humor schlägt Ärger. Eine Frau, nennen wir sie Gerda, erzählt von ihrem Ärger über ihren Chef. Ihr Büro liegt direkt neben dem Chefbüro. Ihre Türen stehen immer offen, und wenn der Chef vorbeigeht, schaut sie automatisch auf.

»Jedesmal sagt er dann, Gerda, lächeln! Das macht mich so wütend. He, ich sitze konzentriert an meinem PC, was soll der blöde Spruch. Wie kann ich mich wehren?« Gerda, sowieso eine eher ernste Frau, schaut jetzt richtig böse.

»Sind Sie eher ein humorvoller Mensch?«

»Nein, würde ich nicht sagen.«

»Könnten Sie sich trotzdem vorstellen, humorvoll zu reagieren?«

»Ich wüsste wirklich nicht warum.«

»Ich habe da gerade eine völlig verrückte Idee. Sie können gerne sagen, ich spinne. Ich erzähle sie Ihnen trotzdem, vielleicht gefällt sie Ihnen doch.«

Gerda schaut mich kopfschüttelnd an. (Am liebsten würde ich sagen,»Gerda, lächeln«, aber ich kann es mir verkneifen.)

74 »Wie wäre es, wenn Sie ein Foto von sich selbst raussuchen würden, auf dem Sie lächeln oder sogar lachen? Sie vergrößern das Foto, schneiden Ihren Kopf aus und kleben ihn auf eine

runde Karte. Wenn Ihr Chef jetzt das nächste Mal vorbeikommt, schauen Sie nicht auf, sondern heben einfach das Foto hoch.«

Die anderen Seminarteilnehmerinnen biegen sich vor Lachen. Gerda schaut mich an, als zweifelt sie an meiner Zurechnungsfähigkeit.

»Sie müssen das nicht machen, Gerda. Es war nur so eine Idee. Hm, mir gefällt sie wirklich.«

Vier Wochen später bekomme ich von Gerda eine E-Mail: »Liebe Frau Asgodom. Sie erinnern sich vielleicht an mich. Ich war die mit dem Lächeln. Ich habe nach dem Seminar ein Foto von mir herausgesucht, auf dem ich gelächelt habe. Ich habe es vergrößert und auf eine Karte geklebt. Als mein Chef das nächste Mal vorbeigekommen ist und in mein Büro geschaut hat, habe ich wortlos die Karte hochgehalten. Er hat sich weggeschmissen vor Lachen. Er hat es den Kollegen auf der Etage erzählt, die sind alle gekommen und haben es ausprobiert. Die haben sich gar nicht mehr eingekriegt. Inzwischen hat sich sogar in Meetings eingeschlichen, dass wenn jemand böse schaut, andere nur die Hand hochnehmen, als würden sie ein Schild zeigen, und die Situation entspannt sich sofort. Danke.«

4. Bitte tu es mir zuliebe. In meinen Seminaren und Vorträgen erzähle ich gern die Geschichte vom Zillertal. Einer der ersten Ausflüge mit meinem jetzigen Mann führte uns im späten Winter nach Österreich ins Zillertal. Ganz am Ende dieses schönen, langen Tals hatten wir gegessen und Kaffee getrunken und machten uns, als es dunkel wurde, auf den Heimweg. Als wir losfuhren – er fuhr –, sah ich, dass die Tankuhr blinkte. Sie müssen wissen, ich tanke, wenn der Tank noch viertel voll ist. Wir fuhren an der ersten Tankstelle vorbei, an der zweiten. Ich wurde nervös.

Als wir an der dritten Tankstelle vorbeifuhren, konnte ich nicht mehr an mich halten: »Sollten wir nicht mal tanken?«

Er ganz ruhig: »Wir tanken an der billigsten Tankstelle auf unserem Weg, oben auf dem Achenpass.«

Wissen Sie, was passiert, wenn man einen Pass hinauffährt? Die Tankuhr zeigte »20«, »10«, »0«, »0« …

Ich bekam Herzrasen, Magenschmerzen, schweißnasse Hände. Ich hasse den Gedanken, im Dunkeln, in der Kälte auf einer engen Passstraße liegen zu bleiben. »Wenn wir hier liegen bleiben, bringe ich ihn um«, war mein einziger Gedanke. »Vielleicht ist er der Mann fürs Leben, egal!«

Mit den letzten Tropfen Benzin rollten wir in die Tankstelle gleich hinter dem Achenpass ein. Er stellte den Motor ab, sah mich lächelnd an und sagte »Siehste«.

»Siehste?« schrie ich. »Siehste? Bist du wahnsinnig? Ich habe ein offenes Magengeschwür, Herzrasen, kollabiere fast und du sagst siehste?«

Er sagt freundlich: »Ich fahre seit 50 Jahren Auto und bin noch nie liegen geblieben.«

Meine Stimme sprang noch einmal eine Oktave höher: »Das ist mir doch egal. Das machst du nicht nochmal mit mir!«

Er sah still vor sich hin. Mein Ärger fiel in sich zusammen. Oh mein Gott, jetzt hatte ich es versemmelt.

Er sah mich nach einiger Zeit ganz ruhig an und sagte: »Können wir beide uns auf eine Sache einigen?«

Ich nickte verzagt.

»Wenn du möchtest, dass ich tanke, sag einfach, bitte tanke mir zuliebe – und ich werde es bei nächster Gelegenheit tun.«

Ich war baff. Herrgott, da muss man 54 Jahre alt werden, um in dieses Geheimnis eingeweiht zu werden?! Soweit meine Geschichte.

Ein junger Mann, nennen wir ihn Sebastian, hört mir beim Erzählen dieser Geschichte in einem Seminar konzentriert zu. In der Pause fragt er mich: »Funktioniert das andersherum genauso?«

»Wie meinen Sie das?«

»Meine Freundin macht mich wahnsinnig, sie lässt in der ganzen Wohnung ihre Klamotten herumliegen. Ich habe ihr schon öfter gesagt, dass mich das stört, aber ohne Erfolg. Würde dieser Satz bei ihr auch wirken?«

»Ich weiß es nicht, Sebastian, probieren Sie es aus und sagen mir Bescheid?«

Drei Tage später kommt seine E-Mail: »Ich habe es ausprobiert, der Satz ist grandios. Ich habe es meiner Freundin genauso gesagt, bitte tu es mir zuliebe – und am nächsten Tag waren alle Sachen weggeräumt. Das ist unglaublich. Danke.«

Auch an eine Weiterbildung muss ich denken, die mein Mann und ich im letzten Jahr bei einem der bekanntesten Paarforscher der Welt gemacht haben, bei Professor John Gottman aus Chicago. Er forscht sei über 40 Jahren über das Gelingen von Beziehungen. Er gab uns Teilnehmer/-innen eine Erkenntnis mit: »69 Prozent aller Beziehungsprobleme sind nicht zu lösen. Dafür brauchen wir Toleranz und Kompromissfähigkeit.«

Und ich füge hinzu, wir brauchen einen Satz wie »Bitte tu es mir zuliebe«.

ENERGIE STATT POWER –
EIN FEST FÜR SICH SELBST

Ein ganz normaler Tag: Der Wecker klingelt, Mathilde springt fröhlich aus dem Bett. Dann: Mist, der Kaffee ist alle, und aus dem Kühlschrank gähnt ihr ein trockener Leberwurstzipfel entgegen. Heute Abend muss sie unbedingt einkaufen gehen.

Die Bluse, die sie eigentlich zu einem Termin anziehen wollte, ist nicht gebügelt. Also schnell, Bügelbrett holen, zwischen Duschen und Zähneputzen, hopp hopp. Als sie zehn Minuten zu spät zur U-Bahn kommt, fährt ihr die Bahn gerade vor der Nase weg …

So geht das den ganzen Tag weiter: der Chef bekommt einen Wutanfall; ein Kollege heult ihr die Ohren voll, weil seine Freundin ihn verlassen hat. Sie hat einen Briefentwurf verschlampt und muss noch mal von vorne anfangen. In der Mittagspause kleckert sie sich Salatsoße auf den Rock; und danach ruft ihre Mutter an, und macht ihr Vorwürfe, dass sie ihre armen Eltern so lange nicht besucht hat.

Nachmittags verhandelt sie zäh mit einem Geschäftspartner – um Peanuts. Als sie gerade gehen will, knallt ihr der Chef noch

»gaaaanz« wichtige Papiere auf den Tisch, »das brauche ich morgen früh«. Sie verschiebt ihre Verabredung zum Essen, ihr Freund ist sauer. Sie vergisst das Einkaufen, macht sich fluchend an die Arbeit und wankt um kurz nach halb neun aus dem Büro. Zu Hause wartet ihre Steuererklärung. Na Mahlzeit.

Wundern Sie sich auch manchmal, wo Ihre Energie bleibt? Bewundern Sie andere, die wie aus der Pistole geschossen Vorschläge, Lösungen, Konzepte präsentieren können? Sind Sie sicher, dass Sie noch viel mehr Erfolg im Beruf erreichen könnten, wenn Sie einfach mehr Energie hätten? Dann verabschieden Sie sich als Erstes von dem Wort »Power«. Der Mensch funktioniert eben nicht nach dem mechanischen Modell: Oben wird Energie eingefüllt und unten kommt Leistung heraus, wie in einem gut geschmierten Motor. Die letzten Jahrzehnte standen ganz im Zeichen dieses Wortes: Powern, auspowern, Powertraining, Powertalking, Powerfrauen …

Schließen Sie doch einmal kurz die Augen und stellen Sie sich eine solche Powerfrau vor. Wie sieht sie aus? Wie bewegt sie sich? Wie spricht sie? Wie behandelt sie ihre Mitarbeiter/-innen? Kann es sein, dass Ihr inneres Bild eine Frau mit vielen harten Zügen zeigt? Im strengen Business-Kostüm, mit strenger Frisur? Im Staccatoschritt durchs Unternehmen eilend? Eine Frau, die weiß, was sie will. Eine Frau, die weiß, was von ihr erwartet wird. Eine Frau, die durchaus Erfolg hat. Jetzt stellen Sie sich einmal die Frage: Möchte ich diese Frau sein? Oder: Bin ich diese Frau? Oder: War ich einmal diese Frau?

Als Journalistin habe ich in den neunziger Jahren dieses Bild der Powerfrau selbst noch transportiert. Ich habe geglaubt, Frauen müssten nur »tough« oder »smart« genug sein, um ihr berufliches Glück zu finden. Ich habe Frauen die Botschaft vermittelt: Sei hart. Gib nicht nach. Benutze deine Ellenbogen. Sei der bessere Mann. Dann erreichst du auch den beruflichen Olymp. Powerfrau, dieses Attribut war eine Auszeichnung. Doch plötzlich fühlte ich bei dem Wort so einen bitteren Geschmack auf der Zunge. Und auf einem Kongress für »Powerfrauen« vor einigen Jahren wurde mir endgültig klar: Das kann nicht der richtige Weg sein. Irgendetwas haben wir dabei vergessen. Und heute weiß ich – es war unsere Weiblichkeit.

In einem »Kerl von einer Frau« werden halt nur die männlichen Anteile anerkannt und gefördert. Die weiblichen Anteile hatten sich diese karriereambitionierten Frauen tunlichst abzugewöhnen, so »schwache« Eigenschaften wie die folgenden vier:

Weichheit. Für ehrgeizige Frauen im Beruf ein absolutes Tabu. Angefangen bei ihren Formen, denn nur in einem durchtrainierten Körper kann schließlich eine Führungskraft stecken. Deshalb musste vor allem der Bauch wegtrainiert werden. Mit viel Sport, Halbmarathon war das Minimal-Ziel. »Straff« war das Zauberwort. Weibliche Kurven erinnerten überflüssigerweise daran, dass es sich bei diesem »Homo businnicus« um eine Frau handelte – mit all ihren karrierehindernden biologischen Eigenarten. Und der Kampf gegen Weichheit ging bei ihrem Format weiter: Schneidigkeit galt mehr als Charme, Gradlinigkeit mehr als Ganzheitlichkeit, Schlagfertigkeit mehr als Einfühlungsvermögen. Und es endete in der Wahl der Kleidung, bunte sinnliche Kleider kamen auf den Karriere-Index, geht gar nicht!

Verständnis und Mitgefühl. Die konnten Frauen im letzten Jahrzehnt am besten gleich beim Pförtner abgeben. Schließlich hat das harte Business nichts mit Eiapopeia und heile, heile Segen zu tun. »Survival of the fittest«, das alte darwinsche Prinzip, war plötzlich wieder en vogue. Schließlich musste jeder sehen, wo er (sie) bleibt. Mitgefühl war ein Relikt aus der Gattung der Gattinnen. Dort waren sie durchaus akzeptiert und geschätzt. Beispielsweise wenn er, der Ernährer, abends von des Tages Mühe gezeichnet nach Hause kam. Oder in ihrer karitativen Arbeit, mit der sich auch der Gatte schmückte. Aber doch nicht im Business. Dort galt: »Für Loser kein Pardon!« Die Zahlen müssen stimmen, Lady. Und wehe, wenn eine Frau das Wort »Empathie« nur in den Mund genommen hat. Wir machen hier doch keine Therapie, es geht um Profit!

Emotionalität. Oh Gott, diese gefühlvollen Frauen, immer nah am Wasser gebaut. Heulen gleich los, wenn man mal ein bisschen gegen sie intrigiert. Oder werden richtig hysterisch, wenn sie merken, dass man sich ihr Projekt unter den Nagel gerissen hat. Ach, mit Frauen kann man einfach nicht sachlich diskutieren. Da hatten nur Frauen eine Chance, die auch über den derbsten Blondinenwitz so richtig mitgröhlen konnten.

Sinnlichkeit. Das »Bäh«-Wort. Sinnlichkeit, allein der Gedanke an dieses Wort brachte die Karrierefrau vom rechten Weg ab. Das klang nach erotischen Irrungen, nach »9 ½ Wochen« (und man weiß ja, wohin das führt). Nach heißen Schaumbädern mit sündiger Literatur und Schokoküssen satt. Nach einem harmonischen Familienleben, noch kürzer treten, die Kinder genießen. Igitt! Da knabberte die karriereambitionierte Frau doch lieber am Endiviensalat und nahm statt dem »Decamerone« den »Machiavelli für Frauen« mit ins Bett.

Frauen über 40, Ihr braucht bei diesen Szenarien der Neunzigerjahre gar nicht vor Wut auf »die bösen Männer« in die Tischkante zu beißen: Ihr kennt Frauen, die sich das gefallen ließen.

Ihr kennt Frauen, die diätet haben bis zum Delirium; sich fit-trainiert haben bis zum finalen Muskelkater; sich mit Härte ge-wappnet haben wie ein australisches Gürteltier. Ihr kennt Frauen, die sich Mann und Kinder versagt haben (über 80 Pro-zent der Frauen in Führungspositionen hatten Anfang des neuen Jahrtausends keine Kinder).

Und was war die Belohnung dafür? Einmal, nur einmal – wie ein Mann – ein joviales Schulterklopfen unseres Vorgesetzten zu ernten! Wow, ich hab's geschafft! Endlich aufgenommen in die Männerriege, raus aus Schläppchen und Tütü, rein in die Rugby-Kluft. Welche Selbstverleugnung für ein »Kommst du noch mit auf ein Bier?« Schade, dass diese Frauen dafür sowieso immer zu müde waren. Denn nach einem solchen Power-Arbeitstag waren sie fertig. Zu müde zum Ausgehen, zu müde, um Freunde zu treffen; zu müde zu allem was Freude macht. Nix mehr Power!

Diese Frauen taten mir auch leid, weil sie durch das Gefan-gensein in ihrer Rolle ganz wichtige innovative Strömungen in der Wirtschaft nicht wahrnehmen konnten und können. Strö-mungen, die längst viele Männer erfasst haben, und die diese auch bereits propagieren:

- Betonköpfe finden nicht die kreativen Lösungen, die wir für die Zukunft brauchen.
- Das Thema »Work-Life« ist angesagter denn je, das heißt die Berücksichtigung des ganzen Lebens bei der Berufsgestaltung. In immer mehr Unternehmen wurde längst erkannt, dass nur glückliche Mitarbeiter glückliche Kunden ermöglichen. Auch Männern wird immer häufiger die Möglichkeit für Teilzeit oder ein »Sabbatical« eröffnet.
- Frauen bringen gerade durch ihre weiblichen Fähigkeiten wichtige Impulse in Unternehmen ein. Immer mehr Chefs wollen auf diese Impulse nicht mehr verzichten, Stichworte

dazu sind Kundenzufriedenheit, Mitarbeiterführung und Teamarbeit.

- Frauen in Führungspositionen sind gute Zeitmanager. Sie kommen mit deutlich weniger Überstunden aus als ihre männlichen Kollegen, organisieren ihre Arbeit konsequenter als Männer, zeigen mehr Selbstdisziplin und gehen früher nach Hause.
- »Emotionale Intelligenz« gehört zur Spitzenfähigkeit von Spitzenkräften. Also genau die »weichen« Eigenschaften, die viele Frauen sich doch so mühsam abtrainiert haben.
- Frauen sind gut auf den ökonomischen, technischen, kulturellen und sozialen Wandel der Zukunft eingestellt, denn der verlangt Kommunikation satt.
- Diversity, also Vielfalt, ist ein Erfolgsfaktor in wirtschaftlich gesunden Unternehmen, alt und jung, weiblich und männlich, aus verschiedenen Kulturen, in verschiedenen Lebenssituationen.

Aber auch die Bedeutung von Energie wandelt sich. Weg vom mechanischen, sehr männlichen »Oben Energie rein, unten Leistung raus« zu einer, sicher sehr stark von östlichen Weisheiten beeinflussten weiblichen Energieformel »Alles fließt«. Zu »Chi«, wie die Chinesen das Wort Energie beispielsweise in Tai Chi verwenden; zu »Ki«, das japanische Wort für Energie, beispielsweise in Reiki. Energie wird auch von vormals coolen Machern neu definiert, beispielsweise so: »Die lebensbejahende Kraft, die alles hervorbringt.«

Manche behaupten sogar, dass nach den Jahrzehnten der männlich geprägten »Yang-Energie« jetzt die Jahrzehnte der weiblichen »Yin-Energie« die Wirtschaft bestimmen werden. Auf einmal wird klar: Energie ist nicht gleich Power. Sie ist auch Power. Doch Power ist der eingeschränktere Begriff.

Lassen Sie uns doch mal anschauen, was Energie in ihrer ganzen Form auszeichnet. Lebensenergie hat nicht unbedingt immer etwas mit Leistung zu tun. Du kannst Energie nach außen schicken und etwas bewegen. Du kannst sie aber auch nach innen schicken, und entweder in dir was bewegen oder auch dich ganz in Ruhe bringen, um zu dir zu kommen. Deshalb weist der süße Duft des Erfolgs in alle Richtungen: Bestimme dein Erfolgsziel und nutze deine Energie, um es zu erreichen.

Der Wunsch nach dieser Lebensenergie, diesem »melting like honey in the sun«, ist eine ewige Sehnsucht der Menschen. In den meisten Schlagern beispielsweise wird dieses Sehnen, nach Hingabe, nach Erfüllung ... besungen. Oft bleibt es bei der Sehnsucht, denn diese Lebensenergie wird allzu oft vom Alltag aufgefressen, von Zwängen, in die wir uns begeben, von Ehrgeiz ohne Lockerheit, oder von Angst. Doch ohne Lebensenergie kann keine Lebensfreude entstehen. Und im Umkehrschluss: Mehr Lebensenergie bedeutet mehr Lebensfreude. Eine asiatische Weisheit sagt: »Ein Fluss, der wieder fließen kann, wird wieder lebendig; das Leben links und rechts erwacht.«

Auf unser Leben umgesetzt: Wenn wir mehr Lebensfreude haben wollen, sollten wir Energie fließen lassen, in der Balance Energie abgeben und Energie aufnehmen. Dazu gehört auch, andere Energiezustände anzunehmen. Wir sind nicht nur energetisch, wenn wir Hochleistungen bringen, sondern auch in Müdigkeit und Erschöpfung, auch im Nichtstun steckt Energie.

Leider wurde bisher in unserer Gesellschaft nur die Energie anerkannt, die nach außen wirkte. Nicht umsonst heißt »fit sein« in der ursprünglichen Übersetzung »angepasst« sein. Laute Technomusik, zu der wir abtanzen können, ist Power. Stille, zur Meditation etwa, ist »Eso-Getue«. Und das, obwohl in beidem, in Lärm und Stille, die gleiche kraftvolle Energie wirkt.

SELBSTCOACHING

»Was kann ich denen tun, wenn ich von Hause aus schüchtern bin?«, werde ich immer wieder gefragt. Ich rate: Werden Sie erfolgreich schüchtern. Machen Sie sich zuerst einmal klar, dass Schüchternheit angeboren ist, und dass die Natur gute Gründe hatte, Menschen mit dem Talent zum Schüchternsein auf die Welt zu schicken. Schüchterne Menschen reagieren nämlich aufmerksam auf ihre Mitmenschen. Sie sind sensibel, feinfühlig, sie machen andere Menschen nicht nieder, sie suchen guten Kontakt, sie meiden Konflikte – schüchterne Menschen um sich zu haben, ist ein wahrer Segen.

Leider machen schüchterne Menschen zu wenig aus ihren wertvollen menschlichen Begabungen. Sie halten sich zurück. Ich habe als Redakteurin einmal einen Chef gehabt, der ständig rot geworden ist. Und wissen Sie, was er dagegen gemacht hat? Nix! Er hat gewusst: »Jetzt werde ich gerade rot.« Also ist er rot geworden – und wenn Sie das machen und sonst nix, wird das Rotwerden ohne Aufregung vorbeigehen.

Also treten Sie ein für das Recht auf Schüchternheit. 60 Prozent der Menschen sind von der Natur mit dieser charakterlichen Begabung ausgestattet worden, haben Wissenschaftler erforscht. Sie gehören dazu. Wunderbar. Überlassen Sie das Schicksal der Welt nicht länger den Aufdringlichen und Lauten. Wenn Sie in Einzelfällen besseren Kontakt zu anderen Menschen aufbauen wollen, empfehle ich Ihnen das Lothar-Prinzip. Denn Schüchterne müssen nicht einsam bleiben.

WENN SELBSTVERTRAUEN FEHLT – »LOTHAR« HILFT

»Lothar« hilft besonders jenen Frauen, denen als Kind Selbstvertrauen aberzogen und Schüchternheit regelrecht anerzogen worden ist. Kleine Mädchen sind für viele Erwachsene ja besonders »süß«, wenn sie etwas scheu sind. Außerdem sind sie viel »pflegeleichter« als eine Pippi Langstrumpf – und in vielen Familien heißt es: »Deine Brüder machen doch schon Probleme genug. Da kannst du dich ja wohl ein bisschen zusammenreißen.«

Fehlendes Selbstvertrauen kann in den meisten Situationen durch sechs Verhaltensweisen und Einstellungen anderer Menschen gegenüber kompensiert werden, versuchen Sie es also mit »Lothar«:

L = Lächeln. Üben Sie öfter, Menschen anzulächeln.

O = Offen sein: im Kopf, im Herzen, aber auch schon in der Körperhaltung. Entspannt sitzen und die Arme und Beine nicht übereinanderschlagen, schon das lockt Menschen an, wenn man selbst keinen Mut hat, den ersten Kontakt zu machen.

T = Touch. Berühren Sie andere Menschen ruhig einmal am Arm oder am Ärmel, wenn Sie mit ihnen reden.

H = Hinwenden. Kriechen Sie nicht in die Rückenlehne Ihres Sessels, wenn Sie mit Menschen sprechen. Beugen Sie sich zu ihnen vor.

A = Anschauen. Andere Menschen tun sich leichter, wenn sie beim Gepräch ab und zu Blickkontakt mit Ihnen haben.

R = Reagieren. Wer etwas sagt, freut sich über Bestätigung: ein Nicken, eine Antwort oder auch nur eine Frage – das hält Kontakt.

Kennen Sie die Geschichte »Siddhartha« von Hermann Hesse, in der ein Fährmann in totaler Stille am Fluss sitzt? Er hört nur auf den Fluss und lernt vom Fluss. Erinnert Sie das vielleicht auch an den Ausdruck »Flow«, der vor einiger Zeit die Management-Literatur eroberte? Mit Flow wird der Zustand bezeichnet, in dem wir ganz in einer Arbeit, in einer Aufgabe, in einer Situation versinken. In diesem Zustand schaffen wir Außergewöhnliches. Fast trunken tauchen wir nach einiger Zeit aus diesem Zustand wieder auf, wie aus einer tiefen Trance. Wer einen solchen Flow-Zustand erlebt hat, kennt die Köstlichkeit dieses Geschenks, ganz und gar konzentriert, ohne angestrengt zu sein. Im Fluss eben. Und manche empfinden es auch so, an einen Fluss angeschlossen zu sein, der nicht nur mit ihnen selbst zu tun hat.

Mir geht es in manchen Momenten des Schreibens so: Meine Finger bewegen sich auf der Tastatur, ich sitze mit halbgeschlossenen Lidern da und »es schreibt aus mir heraus«. Hinterher lese ich meine Texte wie eine Fremde und frage mich »Hab wirklich ich das geschrieben?« Ich erlebe diese Momente wie ein Geschenk, und ich spüre ein tiefes Verbundensein mit der Welt. Mehr als das, ich sage oft, nur halb spaßig, ich fühle mich »dem Weltwissen« angeschlossen. Also den Weisheiten, von denen Menschen immer schon gewusst haben, in allen Kulturen, auf allen Kontinenten. Wenn uns diese Lebensenergie durchfließt, verspüren wir Glück, Befriedigung und Sinn.

Wenn Lebensenergie fehlt, empfinden wir Mühe und Kampf, Anstrengung und Frustration. Denn es gibt zahlreiche Energieräuber:

– Wenn beispielsweise in dem Unternehmen, in dem wir arbeiten, Energie vollständig in Profit umgewandelt wird, fühlen wir uns »ausgebeutet«. Uns wird alles genommen, was wir haben, und wir bekommen nichts von dieser Energie zurück. Keine Anerkennung, kein Feedback, keine Ermutigung.

- Über- und Unterforderung sind Energieräuber: Routinearbeiten machen uns schlapp. Stress macht uns fertig. Wundern wir uns, wenn wir dann am Abend nicht mehr so wahnsinnig lebensfroh sind?

- Es gibt Familienmitglieder, die alle anderen in der Familie aussaugen. Sie konsumieren Energie ohne Ende, geben aber nichts zurück. Vielleicht kennen Sie solche Familien, in denen stöhnend von diesen Energieräubern berichtet wird. Ich habe eine Frau gecoacht, die mit verzweifeltem Gesichtsausdruck schilderte: »Meine Mutter jammert ständig, dass ich sie nicht oft genug besuche. Wenn ich bei ihr bin, ist sie aber nur am Schimpfen, mäkelt an meinem Aussehen rum oder an meinem Lebensstil. Ich mag bald überhaupt nicht mehr hinfahren.«

- Manche Energieräuber sitzen in unserem Freundes- oder Kollegenkreis. Jedes Mal wenn wir uns mit ihnen unterhalten haben, fühlen wir uns hinterher schlechter als vorher. »Negaholiker«, wie diese Menschen genannt werden, können nur maulen, über andere ablästern, uns im wahrsten Sinne des Wortes »runterziehen«. Gerade neulich hörte ich in einem Frisiersalon, wie eine Frau sagte: »Mir gefällt diese neue Frisur gut. Aber mein Freund wird sicher wieder schimpfen.« Viele Frauen haben mir von dem Energieschub berichtet, den sie gespürt haben, als sie beschlossen, sich von einem Negaholiker-Partner nicht mehr klein machen zu lassen.

- Es gibt aber auch innere Energieräuber. Scham gehört zu einem der größten. Wenn ich mich schäme, bin ich mit meinem Gefühl in der Vergangenheit, bin damit also von der Lebensenergie im Heute abgeschnitten. Vermeintliche Gründe, sich zu schämen, gibt es ohne Ende: Etwa weil ich anders bin als andere; oder weil ich ein »böses Mädchen« bin; oder weil ich mich minderwertig fühle; oder weil ich einmal etwas Schlimmes getan habe; oder weil ich einmal etwas nicht getan habe; oder weil ich mir Fehler nicht verzeihen kann ...

– Schuldgefühle sind Energieräuber. Vielleicht schafft es eine Frau, Nein zu sagen, wenn sie Nein sagen will. Aber oft schleppt sie anschließend Schuldgefühle mit sich herum. Die Quelle dieser Energieräuber sitzt oft in der Kindheit: »Sei nicht so egoistisch« haben Mädchen und junge Frauen oft gehört, die sich mit Schuldgefühlen herumplagen.

– Wie lässt sich feststellen, ob man in einem Energieräuber-Unternehmen, in einer Energieräuber-Beziehung oder in einem Energieräuber-Selbstbild gefangen ist? Machen Sie die »Selbstachtungs-Bilanz«. Denn Selbstachtung ist genau wie Achtung und Anerkennung ein menschliches Grundbedürfnis. Jeder Mensch braucht Selbstachtung und eben auch Achtung und Aufmerksamkeit von anderen Menschen – wie gesehen zu werden, gehört zu werden, beachtet zu werden, geachtet zu werden, wichtig zu sein.

– Prüfen Sie sich: Steigt oder sinkt Ihr Selbstwertgefühl nach einem Arbeitstag, steigt es nach der Begegnung mit einem bestimmten Familienmitglied oder einer bestimmten Freundin / einem Freund?

– Sind Sie in einem Positiv- oder in einem Negativ-Kreislauf? Was steigt nach einer solchen Begegnung: Ihre Selbstachtung oder spüren Sie Verachtung?

– Wie steht es um Ihre Achtsamkeit sich selbst gegenüber, gegenüber Ihrem Geist, Ihren Gefühlen, Ihrem Körper? Wird sie durch die Begegnungen stärker oder schwächer? Was uns »runter bringt«, das kostet Kraft.

Viele Frauen verwenden einen Großteil ihrer Energie, um so zu sein, wie andere sie haben wollen – Eltern, Partner, Vorgesetzte. Besser gesagt: Sie haben sie bisher so verwendet. Halt! Damit können Sie jetzt Schluss machen. Sie können das jederzeit ändern. Selbstachtung kann gelernt werden. Ich habe Ihnen ein kleines, schnelles Selbstachtungsprogramm zusammengestellt, mit dem Sie heute, jetzt gleich anfangen können. Ein Programm, für das Sie keinen Urlaub nehmen oder Ihren Job hinwerfen, nicht Ihren Freund verlassen oder Ihr Sparkonto auflösen müssen:

1. Wie war das bisher?

Ziehen Sie Bilanz: Wie rede ich mit mir selbst? Wenn ich zum Beispiel abends faul auf dem Sofa liege statt zu joggen, zu bügeln oder für den Chinesisch-Kurs zu pauken? Welche Selbstwertspiele spiele ich da? Gestehe ich mir mein Handeln zu oder mache ich mich dafür moralisch fertig? Wie achte ich mich selbst? Gehe ich auf meine Gefühle, meine körperlichen Bedürfnisse, meine geistig-intellektuellen Bedürfnisse ein? Oder verdränge ich sie? Vielleicht, um Rücksicht auf jemand anderen zu nehmen?

Meine Erfahrung aus dem Coaching: Es macht oft keinen Sinn, zu tief in der Vergangenheit zu graben, warum ich so bin, warum ich das nicht kann …? Sondern es ist wesentlich hilfreicher, einen kurzen Check zu machen: Wo stehe ich jetzt? Was will ich ändern? Es kann sein, dass Sie bisher zu schüchtern waren, fremde Menschen anzusprechen. Sie müssen wissen: Sie können das ab heute ändern. Üben Sie in Situationen, in denen es nicht darauf ankommt: In der Schlange vor der Supermarktkasse »Das dauert heute wieder!« oder im Bus »Was für ein herrlicher Herbsttag!« Denken Sie daran, Sie werden diesen Menschen wahrscheinlich nie wieder sehen – also, was kann passieren?

GLÜCKLICHER MIT DER TORTE

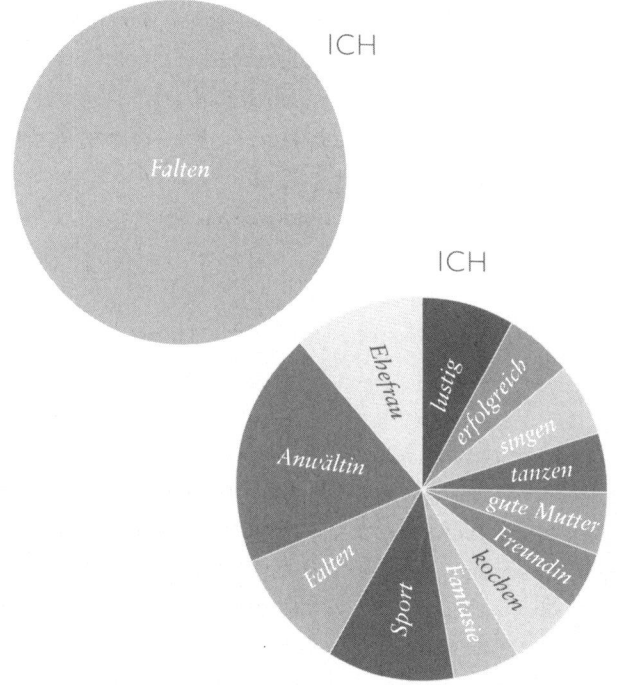

ICH

ICH

Wenn wir uns nicht wohlfühlen, sehen wir oft nur noch den »Makel«, der alles andere Gute überdeckt (siehe den oberen Kreis). Um aus der einseitigen Sichtweise wieder herauszukommen, macht es Sinn, die ganze »Torte« anzuschauen (siehe den unteren Kreis). Was macht unsere Persönlichkeit aus? Das sind viele kleine wunderbare Stücke. Ja, und ein kleines Stück davon ist vielleicht der vermeintliche Makel. Er ist ein Teil von uns – aber er bestimmt unser Leben nicht.

2. Urlaub vom Freizeit-Stress

Tun Sie eine Woche lang in Ihrer Freizeit nur das, worauf Sie wirklich Lust haben. Es gibt kein »Ich muss …«, »Ich müsste …«, »Ich sollte …«, »Ich wollte doch …« Hören Sie auf Ihren Körper und tun Sie sieben Tage lang nur das, was er braucht: Aufs Sofa mit dem 700-Seiten-Schmacht-Schinken; stundenlang Wäscheschubladen aufräumen; faul im Fenster liegen und auf die Straße schauen; jede Nacht in einer anderen Disco abtanzen; Fernsehen, bis die Pupille krampft. Egal, es gibt kein falsch oder richtig, kein gut oder schlecht. Das Ziel ist einfach nur: Den Körper einmal richtig satt mit dem machen, was er sich wirklich wünscht. Und wenn es sich dabei um eine Packung Marzipan handelt.

3. Die 3-Minuten-Pause

Gönnen Sie sich täglich mindestens einmal drei Minuten, in denen Sie nichts anderes tun als »blöd vor sich hinschauen«. Falls Ihnen der Ausdruck mentaltechnisch nicht gefällt, dürfen Sie es auch gern das »Daily-Inspiration-Program« nennen, abgekürzt DIP. Der Effekt ist der gleiche: Sie suchen sich einen ruhigen Ort und schauen drei Minuten lang einfach ohne Ziel vor sich hin. Brillenträger haben es bei dieser Übung leicht: Wir brauchen nur die Brille herunternehmen, dann fällt das Blödschauen leicht. Die anderen müssen halt ihre Augen auf unscharf stellen. Das Gesicht ist total entspannt (deshalb diese Übung lieber ohne Zuschauer machen). Drei Minuten Freiheit von aller Anspannung! Lassen Sie die Gedanken, die kommen wollen, einfach fließen. Dies ist eine Super-Entspannungs-Methode, die gerade in großen Stresszeiten wichtigen Gedanken erlaubt, sich zu Wort zu melden, die sonst vom Stress verdrängt werden. Und die Ihnen erlaubt, nichts wollen und tun zu müssen.

4. Laden Sie den Spaß-Akku auf

Versuchen Sie eine Woche lang, mit mehr Energiespendern (positive Energie) als Energieräubern (negative Energie) zusammen zu sein. Das heißt, suchen Sie die Nähe zu Menschen, die Sie fröhlich machen, rufen Sie sie an, fahren Sie zu Ihnen hin, warten Sie nicht auf Gelegenheiten, sondern schaffen Sie welche. Meiden Sie die Nähe von Negaholikern, die Ihnen die Stimmung verhageln. Sagen Sie Verabredungen ab, verschieben Sie Termine mit solchen Miesepetras und Miesepetern, gehen Sie mittags nicht mit ihnen zusammen in die Kantine. Ziehen Sie nach dieser Woche ein Fazit: Wie geht es Ihnen, spüren Sie einen Unterschied? Und überlegen Sie sich: Was brauche ich von außen, um etwas zu ändern? Von wem kann ich dabei Hilfe annehmen? Brauche ich jemanden, der mich ab und zu an die Hand nimmt – kommst du mit? Wer darf mir ab und zu etwas Gutes tun? Lasse ich es zu?

5. Lassen Sie sich helfen

Bitten Sie eine Woche lang jeden Tag jemanden darum, Ihnen etwas Gutes zu tun. Fragen Sie z.B. eine Freundin, ob Sie sie abends zum Joggen abholt. Bitten Sie Ihren Mann, Sie an der Stelle zu streicheln, an der Sie es besonders genießen können – und dabei geht es nur um dieses Streicheln, nur um Sie, ohne Ziel, ohne Abschluss. Das gilt ganz genauso im Büro: Bitten Sie einen Kollegen darum, Sie in der Konferenz auf ein Thema anzusprechen, das Ihnen am Herzen liegt, wofür Ihnen aber bisher der Mut gefehlt hat, sich zu Wort zu melden. Im Freundeskreis: Bitten Sie eine Freundin darum, Ihnen zum Ausgehen ihre wundervolle Stola zu leihen. Ziehen Sie am Ende der sieben Tage ein Fazit: Was fiel Ihnen schwer? Wie ist es gelaufen? Wie wohl fühlen Sie sich?

6. Tun Sie anderen etwas Gutes

Energienehmen und Energiegeben verstärken sich gegenseitig. Wenn positive Energie fließt, geht es mir gut. Wissenschaftler, die sich seit Jahrzehnten mit der Positiven Psychologie befasst haben, haben in Studien herausgefunden, dass die Freude, wenn wir anderen etwas Gutes tun, weit länger anhält als die Freude, wenn wir uns selbst etwas gönnen.

Überlegen Sie sich: Wem kann ich einen Gefallen tun, eine Freude machen? Wem gebe ich gern und freiwillig von meiner Energie ab, wem gebe ich Energie zurück? Es ist sehr spannend zu beobachten, was geschieht, wenn wir positive Energie abgeben, vor allem an Menschen, die das nicht von uns erwarten.

Die verschärfte Form davon ist das Pfadfindererlebnis. Tun Sie eine Woche lang jeden Tag einem Menschen etwas Gutes. Das muss kein großes Ding sein. Bringen Sie Ihrer Kollegin ein paar Blumen aus dem Garten mit, einfach so. Es reicht ein fröhliches »Guten Morgen« zur Nachbarin, mit der Sie sonst nichts zu tun haben. Es kann ein Gefallen sein, den Sie Ihrem Partner tun, ohne Gegengeschäft. Erledigen Sie schnell etwas für eine Freundin, von der Sie wissen, dass sie immer nicht dazukommt. Und genießen Sie den Blick der »beschenkten« Person, die Wärme, die zu Ihnen herüberschwappt, »like honey melting in the sun.« Ziehen Sie nach dieser Woche Bilanz: Welche Energie haben Sie gegeben? Ist etwas davon zurückgekommen?

7. Lernen Sie das Neinsagen

Wichtig für die Lebensfreude ist zu wissen, was ich gewiss nicht brauche. Und der Mut, dies zu sagen: »Ich möchte heute Abend nicht mit dir auf diese Party gehen.« Oder auch mal: »Ich möchte nicht die Assistenzstelle, ich möchte die Projektleitung!« Das Zauberwort dabei heißt: Nein.

Sagen Sie eine Woche lang »Nein« zu Dingen, die Sie nicht wollen. Sagen Sie »Nein« zum Stück von dem selbstgebackenen Kuchen, den Sie als Kind schon verabscheut haben. Sagen Sie »Nein«, wenn eine Kollegin Ihnen zuckersüß flötend noch eine Arbeit auf den Tisch herüberschaufeln will. Sagen Sie »Nein«, wenn eine Freundin mit Ihnen auf Frust-Shopping-Tour gehen will, und Ihnen nicht danach ist. Sagen Sie »Nein«, wenn ein Kunde eine Gefälligkeit von Ihnen möchte, ohne den Wert zu schätzen bzw. zu bezahlen. Sagen Sie »Nein«, wenn Sie im Inneren ein »Nein« spüren. Denn Stress entsteht, wenn Sie »Nein« denken und »Ja« sagen (eine überzeugende Definition von Reinhard Sprenger).

8. Lassen Sie die Ego-Sau raus!

Nachdem Sie herausgefunden haben, welche sinnlichen Bedürfnisse Sie haben, geht es im Kontakt mit anderen um die Umsetzung. Holen Sie sich, was Sie brauchen. Und es ist viel besser, Bedürfnisse direkt zu erfüllen als sie in materielle Ersatzhandlungen umzuformulieren. Was wollen Sie mit der 19. Bluse als Frustkauf nach einem verkorksten Arbeitstag? Was hilft die Schachtel Pralinen vor dem Fernseher an der Seite des Partners, wenn Ihre Sinnlichkeit nach Berühren schreit?

Machen Sie in der nächsten Woche mindestens einmal etwas völlig Unmögliches! Etwas, wofür Sie sich normalerweise schämen würden, wenn es nicht die Aufgabe in Ihrem Selbstachtungsprogramm wäre. Etwas Sündiges oder Freches, etwas … Was das ist, bleibt Ihrer Phantasie überlassen. Nur Sie können sich so etwas »real shocking« ausdenken. Ziehen Sie hinterher ein Fazit: Wie war dieses Erlebnis? Wie haben die anderen reagiert? Wie haben Sie sich dabei gefühlt? Wie hat es Ihre Lebensenergie verändert?

Das Wichtigste in dieser Woche, die Ihr Leben verändern kann: Hören Sie auf die Weisheit Ihres Körpers, er sagt Ihnen deutlich, was Sie brauchen. Lassen Sie sich von Ihren Wünschen inspirieren, werden Sie kreativ, um sie zu erfüllen. Dann sind Sie mitten drin im Energiefluss des Lebens. Warum nur eine Woche? Oft schrecken wir vor Veränderungen zurück, weil sie so nachhaltige Folgen haben. Aber eine Woche lang wird weder unser Körper verfallen, nur weil wir das gewohnte Fitness-Programm streichen. Noch wird uns unser Lover verlassen, nur weil wir mal eine Woche lang mehr Zeit für uns selbst brauchen. Die Nachbarn werden uns nicht verklagen, nur weil das Küchenfenster nicht geputzt ist. Und auch den Job riskieren wir nicht, nur weil wir einmal fröhlich pfeifend früher nach Hause gehen. Also, gönnen Sie sich diese eine Woche. Danach können Sie immer noch entscheiden, ob Sie Ihnen gut getan hat oder nicht. Und ob Sie mehr von dem haben wollen, was Ihnen diese Woche an Energie geschenkt hat.

Ressourcen erkennen mit der Starkstellenanalyse

Leider haben wir Frauen viel zu oft den kritisch-diagnostischen Blick. Beim Lebenspartner, bei unseren Kindern, bei Verwandten, Nachbarn und Kollegen und bei uns selbst erkennen wir die Schwachstellen spontan (und leider oft sogar, wenn sie noch gar nicht zu sehen sind). Viel nötiger aber wäre die Starkstellen-Analyse. Denn wer etwas im eigenen Leben ändern will, muss seine Stärken erkennen. Sie stehen uns als Ressourcen zur Verfügung, mit deren Hilfe wir unsere Ziele und damit unseren Erfolg erreichen.

SELBSTCOACHING: NEID ALS ANSPORN?

Ich habe einmal in meinem Umfeld herumgefragt, und es gab da tatsächlich einige wenige Frauen, die behaupten, niemals neidisch zu sein. Die meisten aber kennen dieses Gefühl. Ich selbst halte es auch für zutiefst menschlich. Ich habe allerdings die Erfahrung gemacht, dass es einen Unterschied gibt, ob man im Neid stecken bleibt (ich glaube, davon bekommt man hässliche Falten im Gesicht) oder ob man es schafft, den Neid umzuformen – in Bewunderung plus Ansporn.

Zwei Beispiele: »Der Kollege bekommt von der Chefin alles, was er will.« Dabei könnte jemand im Neid verbittern – oder sich das genauer anschauen: »Was macht der Kollege, dass er bei der Chefin so einen Stein im Brett hat?« Die Nachbarin liegt nachmittags um vier schon am Pool im Garten, während man selbst noch Hausarbeit erledigt? Statt über sie herzuziehen: »Na, bei der muss es ja ausschauen!« lieber überlegen: »Was müsste ich tun, dass ich mir das auch leisten kann?« Die Achtsamkeit beim Hinschauen öffnet den Blick, bringt uns auf Ideen oder zeigt, dass es kein Ziel für uns ist, das Gleiche zu tun.

DIE NEID-STRATEGIE:

1. Schauen Sie genau hin: Worauf sind Sie neidisch?
2. Beobachten Sie: Wie hat der andere sein Ziel erreicht?
3. Überlegen Sie: Könnten Sie das auch?
4. Analysieren Sie: Was wäre der Preis, wenn ich das Gleiche machen würde?
5. Entscheiden Sie: Bin ich bereit, den Preis zu zahlen oder ist mir der Preis zu hoch.
6. Entscheiden Sie auch, ob Sie etwas tun oder lassen wollen.
7. Kontrollieren Sie das Ergebnis: Hat es sich gelohnt?

Hier finden Sie eine Liste menschlicher Stärken, die von dem Psychologen Martin Seligman zusammengestellt worden ist. Die Positive Psychologie hat herausgefunden, dass glückliche Menschen sehr viele von diesen Stärken haben. Gehen Sie einfach einmal diese Liste durch. Reduzieren Sie die 45 Stärken auf die zehn, die für Sie am zutreffendsten sind. Und damit haben Sie ein wunderbares Bild Ihrer Kompetenz. Diese Stärken werden Ihnen helfen, Ihre Lebensziele zu erreichen!

Ich
– bin freundlich
– bin großzügig
– bin gerecht
– bin tolerant
– habe Humor
– nehme das Leben eher spielerisch – mit mehr Leichtigkeit

- übernehme Verantwortung für Wohnung, Haus, Straße und den Ort, in dem ich lebe
- übernehme Verantwortung für die Natur, die Tiere und Pflanzen
- übernehme Verantwortung für andere Menschen
- bin ein guter Nachbar und Bürger
- übernehme Verantwortung auch für mich selbst
- zeige Fürsorge und Pflege
- arbeite dort, wo man sich die Menschen nicht aussuchen kann (Nachbarschaft, Schule, Arbeitsplatz), nicht gegen sie, sondern mit den Menschen
- erfülle meine Pflichten
- bin den anderen Menschen gegenüber loyal
- gehe (als Lehrer, Eltern, Vorgesetzter) fürsorglich und pfleglich mit den mir anvertrauten Menschen um
- gehe fürsorglich und pfleglich mit Partner, Kindern, Verwandten und Freunden um
- habe die Fähigkeit, Liebe zu geben
- habe die Fähigkeit, Liebe anzunehmen
- nehme keine kleinen Vorteile für mich mit
- probiere nicht, womit man durchkommt (»nicht erwischen lassen«)
- übe Mäßigung und Selbst-Kontrolle beim Verfolgen persönlicher Ziele
- suche Ausgleich der Interessen und die Integration persönlicher Ziele und Lebens-Stile
- überlasse die Integration der Interessen nicht den Behörden, Politikern, Managern, Lehrern, der Polizei und anderen Autoritäten
- fühle mich für die weitergehende Moral mit verantwortlich (überlasse dies nicht den Kirchen, Parteien, Schulen ...)
- lebe aufrichtig

- zeige Lebensweisheit
- lebe Religion und Glaube nicht nur bei Taufen, Hochzeiten oder Krisen und Krankheit
- gehe auf andere Menschen zu
- bin persönlich integer
- habe Fleiß und Durchhaltevermögen
- bin neugierig auf andere Menschen und deren Art zu leben
- besitze Rationalität und Urteilskraft
- habe Originalität
- habe Offenheit und geistige Redlichkeit
- habe Intelligenz – aber auch praktische, emotionale und soziale Intelligenz
- habe Interesse am Leben
- habe Sinn für das Schöne, das Herausragende
- lebe in Respekt vor den Menschen, aber auch vor der Schöpfung
- kann erstaunt sein, statt immer schon alles zu wissen
- habe Liebe zum Lernen
- habe Liebe zum Wissen
- lebe zukunftsbezogen (nicht vergangenheitsbezogen)
- zeige Dankbarkeit
- lebe mit Hoffnung und Optimismus
- erzeuge wenig Chaos im eigenen Leben – und im Leben anderer
- besitze Lebensfreude
- spüre Liebe zum Leben – gleich, was das Leben von mir verlangt.

Ein kleiner Tipp: Schreiben Sie sich Ihre zehn Stärken auf ein großes Blatt Papier und hängen Sie dieses dort auf, wo Sie es regelmäßig sehen können. So wie viele Frauen gelernt haben, den inneren Kritiker zu stärken und ihm Macht über sich zu geben, so können sie auch lernen, den inneren Bewunderer zu füttern und zu entwickeln. Und der kann ihnen jeden Tag sagen: »Ich schätze mich, weil ich …«

WAS WIR HEUTE ÜBER DAS GEGLÜCKTE LEBEN WISSEN

»Reich, berühmt und glücklich« – so heißt eine gängige Beschreibung für ein erfolgreiches Leben. Auch ich habe bis vor wenigen Jahren fröhlich »reich, berühmt und glücklich werden« geantwortet, wenn ich gefragt wurde, wie ich mir mein weiteres Leben vorstellen würde. Doch inzwischen ist mir das zu oberflächlich. Wir wissen längst aus Studien, dass »reich« allein kein Garant für ein gutes Leben ist. »Berühmt« kann durchaus das Ergebnis eines erfüllten Berufslebens sein, aber auch dieser Begriff für sich allein sagt nichts, aber auch gar nichts über das Lebensgefühl und die Lebensleistung aus. Jetzt aber »glücklich«, da wird die Asgodom ja wohl nichts zu meckern haben? Hat sie doch.

»Glücklich« beinhaltet oft den Anspruch, dass alles im Leben nur noch schön ist. Dass sich alles zum Besten fügt, dass wir durch Fleiß und die richtigen Entscheidungen die Weichen direkt für die Ankunft auf dem Bahnhof »Glück« gerichtet haben. Aber Glück ist kein Bahnhof, den man nur einfach erreichen muss. Die Endstation Sehnsucht gibt es, die Endstation Glück gibt es leider nicht.

Ich versuche mal ganz vorsichtig einige Definitionen rund um dieses oft strapazierte Wort Glück:

– Glück ist die Kunst, auch in den Irrungen und Wirrungen deines Lebens immer wieder das Schöne im Leben zu erkennen, zu entdecken und dich daran zu erfreuen, unabhängig davon, wie perfekt dein Leben gerade verläuft.

– Glück ist die Gabe, plötzliche, unerwartete, funkelnde Glücksmomente zu erleben, die dir den Kopf verdrehen, dich schwindelig machen und dich die Welt und dich selbst ganz wach erleben lassen. Meistens treffen dich diese Momente unvorbereitet, und du hast selbst wenig dafür getan. »Glücks-Nuggets« nenne ich diese geschenkten Momente. Denn den Glücklichen geht es ähnlich wie den Goldgräbern, die nach Gold-Nuggets gesucht haben. Sie haben einiges darüber gewusst, an welchen Stellen sie fündig werden, aber ob sie einen Goldklumpen oder nur einen Goldkrümel finden würden, haben sie nie wissen können.

– Und dann schließlich braucht Glück ganz dringend die Zwillingsschwestern Geborgenheit und Zufriedenheit. Das ist das gute Gefühl, in dieser Welt gut aufgehoben zu sein, egal welche Kurven das Leben gerade nimmt. Niemand hat dir versprochen, dass das Leben immer nur schön ist. Niemand hat dir die Garantie gegeben, dass du von Schicksalsschlägen verschont wirst. Leben ist Einatmen *und* Ausatmen, wie es der Philosoph Wilhelm Schmid trefflich beschreibt.

Neulich wurde ich auf Facebook von einer Kollegin ein bisschen angepflaumt: »Ja, Sabine, dir geht es ja gut. Du hast tolle Aufträge, alles gelingt dir. Wenn ich so erfolgreich wäre, wäre ich auch immer gut drauf.« Ich habe dann zurückgepostet: »Woher weißt du eigentlich, dass mir alles gelingt und es mir immer gut geht? Vielleicht habe ich einfach nur kein Talent zum Jammern!«

Und vielleicht bin ich alt genug geworden, um zu wissen, dass wir nicht allein unseres »Glückes Schmied« sind. Zu wissen, dass Leben eben auch heißt, Dinge auszuhalten, die wir nicht verändern können. Du kannst noch so fleißig sein und überlegt handeln – wenn es deinem Liebsten schlecht geht, wenn dein Kind krank wird, wenn dein Arbeitgeber pleite ist, dann wird dir die Leichtigkeit des Lebens auch erst einmal vergehen.

Und dann wird deine grundsätzliche Einstellung zum Leben entscheiden, wie du mit der traurigen Situation umgehen kannst. Meine Erfahrung: Je höher die Akzeptanz ist, dass Leben immer lebenswert ist, egal durch welche Täler wir gehen, desto besser können wir mit Krisen umgehen. Oder wie mein Lieblingszitat der amerikanischen Schriftstellerin Amy Tan heißt: »Wenn du dein Schicksal nicht ändern kannst, dann ändere deine Einstellung.«

Wenn wir uns also einig sind, dass wir keine einsamen Satelliten im Weltraum sind, sondern aktives Teil bestehender Systeme und Gruppen – als Tochter, Mutter, Freundin, Mitarbeiterin, Chefin, Schwester, Partnerin, Nachbarin, Bürgerin – und dadurch nicht immer völlig frei im Handeln sind, können wir sogar dort, wo andere vor allem Stress spüren, Glück entdecken, das »Ja-Glück«: Ja, das Kind muss um vier aus dem Kindergarten abgeholt werden. Ja, meine Eltern möchten mich ab und zu sehen. Ja, mein Mann möchte Zeit mit mir verbringen. Ja, ich muss / möchte Geld verdienen und mein Chef legt Wert auf Pünktlichkeit. Ja, meine Freundin braucht mich in ihrem Liebeskummer.

Erst wenn wir all dieses anerkennen, dann können wir unsere Fantasie auf den Teil des Lebens richten, den wir selbst bestimmen können. Wie groß er ist, ist sehr individuell. Es hängt von den Lebensumständen und sicher auch vom Typus, vom Charakter und Temperament ab. Und jetzt kommt die gute Nachricht: Alles, was Sie dazu brauchen, um ein freies, selbst bestimmtes Leben zu führen, ist bereits da. Alle Talente und Fähigkeiten, die Sie brauchen, sind bereits vorhanden. Sie müssen nicht anders werden als Sie sind, sondern Sie können nutzen, was da ist.

Sprich: Eine Zeitchaotin muss kein Pünktlichkeitsfanatiker werden. Wer wenig Humor hat, muss nicht zur Witznummer werden. Wer eher introvertiert ist, muss nicht die Stimmungskanone spielen. Wer gerne laut lacht, lacht laut. Wer gerne Spielchen spielt, soll spielen. Wer penibel ist, darf penibel sein. Es gibt eine einzige Ausnahme, auf die würde ich gern hinweisen: Versuchen Sie nicht mehr perfekt zu sein! Denn ich sehe, wie viele Frauen sich selbst ein Stück Lebensfreude dadurch nehmen. Aber halt, ich folge meinem eigenen Gesetz: Wenn Sie perfekt sein wollen, dann versuchen Sie meinetwegen perfekt zu sein!

Ich möchte Ihnen ein kleines Beispiel geben, wie es ist, wenn wir den Druck rausnehmen, Ballast abwerfen und uns erlauben, einfach so sein zu dürfen, wie wir sind: Eine Frau, nennen wir sie Gerlinde, 45 Jahre, kommt zu einem Coaching-Vorgespräch zu mir. Sie ist erfolgreiche Unternehmerin, sieht sich selbst aber als sehr schüchtern, zum Beispiel, wenn es um Small Talk geht. Am Ende des Gesprächs möchte sie einen Tipp von mir, wie sie auf einer bevorstehenden Party lockerer sein könnte.

Ich sage spontan »Vergessen Sie diese Party. Bemühen Sie sich nicht. Tun Sie gar nix.« Sie schaut mich erstaunt an. Ich gebe ihr folgende Hausaufgabe: »Halten Sie sich auf dieser Party total zurück. Setzen Sie sich einfach in eine Ecke und beobachten Sie, wie andere Menschen aufeinander zugehen, wie sie sich bewegen, wie sie schauen, wie sie die anderen Menschen ansprechen. Achten Sie einfach nur darauf, was Sie beobachten. Sie selbst bleiben völlig passiv. Sie machen gar nichts. Schicken Sie mir hinterher Ihre Beobachtungen. Wir reden dann im Coaching darüber.«

Am Montag nach der Party bekam ich folgende Mail: »Liebe Frau Asgodom, wie am vergangenen Freitag besprochen, habe ich auf der Party versucht, mich auf das Beobachten der Abläufe zu konzentrieren. ›Leider‹ hat das nicht ganz geklappt, da ich von Anfang an sehr direkt in Gespräche eingebunden gewesen bin und der Abend daher anders als erwartet verlaufen ist.

Als einer der ersten Gäste konnte ich bereits vor Eintreffen der anderen Personen mit einer Bekannten sprechen. Die Begrüßung verlief unkompliziert. Wir haben uns aus der Entfernung gesehen und bereits zugelächelt, ein Hallo zugerufen und gegenseitig gewunken. Anschließend sind wir zu dritt an einem Tisch gesessen und haben uns über die aktuelle Lage bei … und sonstige Themen unterhalten. Dabei hatten wir eine angenehme Verteilung zwischen sprechen und zuhören.

Nach einiger Zeit habe ich mich von selbst aus dem Gespräch ausgeklinkt, als gerade die beiden anderen Gesprächspartner gesprochen haben, und bin die Gastgeberin in der Küche besuchen gegangen, um Hallo zu sagen und zu erfahren, ob ich noch etwas helfen kann. Bei dieser Gelegenheit habe ich gefragt, ob man sich bereits etwas zu trinken machen kann und dann nach Rückfrage bei den anderen Anwesenden die ersten Getränke gemixt.

Zwischenzeitlich sind auch bereits weitere Gesprächspartner eingetroffen, sodass sich die Gespräche bei mir schnell verlagert haben. Alle Personen kannte ich bereits, sodass ein Sichvorstellen entfallen ist, je nach Person haben wir uns nur mündlich oder auch mit einer Umarmung begrüßt. Natürlich immer mit einem Lächeln und freundlichen Wort.

Sehr stolz bin ich gewesen, dann mit einer sehr wichtigen und für mich ›hoch priorisierten‹ Person selbstsicher mitten auf der Terrasse gestanden und mich einige Zeit lang angeregt unterhalten zu haben. Dies ist etwas, was mir von Haus aus eher schwer fällt und ich habe sehr bewusst versucht, dabei selbstsicher, groß und souverän zu sein und an dem Gespräch aktiv teilzuhaben bzw. es auch thematisch zu beeinflussen.

Als positives Ergebnis für mich nehme ich mit, dass ich in dem für mich bekannten Umfeld Spaß hatte und lockerer gewesen bin, als ich es erwartet hatte. Soweit mein kurzer Bericht, freundliche Grüße Gerlinde.«

Ich habe mich weggeschmissen, als ich diese Mail gelesen habe. Ja, es hat geklappt. Was habe ich getan? Rein fachlich habe ich eingesetzt, was eine »Paradoxe Intervention« genannt wird, ein anderer Begriff dafür ist »Systemverschreibung«. Einem Menschen wird dabei mit fachlicher Autorität aufgetragen, genau das zu tun, wovor er sich am meisten fürchtet.[2]

Frei übersetzt: Ich habe Gerlinde Last von den Schultern genommen. Anstatt ihr noch mehr stressende Regeln mitzugeben, Sie müssen … – habe ich ihr durch die kleine Hausaufgabe geholfen, Stress gar nicht erst aufkommen zu lassen, denn sie sollte die Party ja »eh vergessen«. Plötzlich durfte Gerlinde sein,

2 Viktor Frankl hat als junger Arzt einen Patienten zu behandeln gehabt, der nicht mehr mit der Straßenbahn – die er sehr gebraucht hat – fahren konnte, denn in der Straßenbahn bekam er Angst-Attacken, dass er einen Herzanfall bekommen und stürzen würde, und dass war ihm vor den Menschen peinlich. Frankl hat ihn verabschiedet mit dem Rat: »Jetzt fahren Sie mit der Straßenbahn zurück, schmeißen sich hin, und führen den Menschen einen Herzanfall vor, wie die ihn noch nie erlebt oder gesehen haben …« Der »Trick« hat funktioniert, der Mann war von Stund an geheilt.

wie sie ist, zurückhaltend, vielleicht schüchtern, aber auch interessiert an Menschen, fröhlich in guter Umgebung. Ja, und einen Schwipps hat sie sich auch angelacht. Na und? Und plötzlich hat sie erlebt: Es ist okay, wie ich bin, ich darf so sein, und hat dann offensichtlich angefangen zu strahlen. Und wurde damit attraktiv für andere Gesprächspartner.

Strahlen können wir immer dann, wenn wir mit uns selbst im Reinen sind. Wenn wir nicht versuchen, jemand anderes zu sein, wenn wir uns annehmen in all unserer Unvollkommenheit. Wenn wir »Ja« zu uns selbst sagen, uns nicht klein oder schlecht machen. Wenn wir nicht mehr scheinen wollen als wir sind. Sei du selbst in deinem Wesen, und du brauchst keine Angst zu haben. Strahlen kommt deshalb immer von innen, völlig unabhängig von tollen Klamotten, perfektem Make-up oder dem Idealgewicht; wenn wir sind, wie wir sind und eben nicht anders sein wollen als wir sind. Wie die anderen merken, ob wir echt sind oder etwas vorspielen? Unsere Augen verraten uns, sie blitzen, wenn es uns gut geht.

Erinnert Sie das an etwas? Wenn Sie einen Ratgeber über Körpersprache gelesen haben und danach nur noch darauf achten, was Sie mit Ihren Händen machen? Stress! Wenn Sie ein Zeitmanagement-Seminar absolviert haben und nur noch in ABC-Prioritäten denken dürfen? Stress! Wenn Sie eine Rhetorikschulung hinter sich haben und bei jedem Satz darauf achten, ob Sie auch eine Ich-Botschaft geäußert haben? Stress! Ich will nicht sagen, dass wir nicht nützliche Impulse aus solchen Trainings ziehen können, aber meine Erfahrung als Coach sagt:

- Entlasten statt belasten

- Stress reduzieren statt aufbauen

- statt Menschen zu sagen, dass sie völlig falsch leben, ihnen helfen, aus dem, was da ist, Gewinn zu ziehen

– statt an der Persönlichkeit herumzubasteln, aushalten können, dass Menschen sind wie sie sind.

Ich kann Ihnen sagen, das war und ist ein harter Lernprozess!
Und dabei hilft mir ab und zu die einfache Selbstbeobachtung:
Als ich angefangen habe, Vorträge zu halten, habe ich anfangs
auf der Bühne den Bauch eingezogen, weil ich dachte, dann
wirke ich schlanker. Der einzige Effekt, habe ich nach einiger
Zeit herausgefunden, war, dass meine Stimme quietschiger
wurde. Denn wenn man den Bauch einzieht, und deshalb nicht
genügend atmet, verliert die Stimme an Kraft, und bei Frauen
schlägt sie dann gerne ins Quäkende um, nach dem Motto:
»Warum sind Sie denn so hysterisch?« – »Ich bin gar nicht
hysterisch, ich habe nur keine Luft mehr!« Und, ganz nebenbei,
ich habe auf Fotos gesehen, Bauch einziehen hilft auf der Bühne
keineswegs dabei, dünner zu wirken, dafür müsste ich die Hüf-
ten einziehen können …

Noch eine Beobachtung: Ich habe seit etwa 30 Jahren eine
Pigmentstörung, Vitiligo, auch Weißfleckenkrankheit genannt.
Die zeigt sich hauptsächlich in weißen Flecken auf meinen Händen. Gott, was habe ich am Anfang alles getan, um die zu verstecken, mit Camouflage-Creme abgedeckt, mit Selbstbräuner
bearbeitet. Dann wurde das Braun mal Gelb oder sah aus wie,
na ja … Wenn ich es vergessen hatte, wusste ich nicht, wie ich
meine Hände halten sollte, damit es bloß keiner sieht. Ich habe
echt Stress gehabt!

Irgendwann habe ich einfach aufgehört, diese völlig harmlo-
sen, einfach etwas unhübschen Flecken abzudecken. Inzwischen
vergesse ich meistens, dass ich sie überhaupt habe (auf Fotos
fallen sie mir noch auf). Und ein großes Stück Energie, dass ich
sonst in die Gedanken gesteckt hätte, was mache ich bloß damit, habe ich jetzt für die Dinge übrig, die wirklich wichtig sind,

nämlich mich auf mein Publikum zu konzentrieren, ganz bei den Menschen zu sein, zu sagen, was ich sagen will.

Nun kommen ja Menschen zu Coaches, damit sie ihnen helfen, etwas zu verändern. Es wäre etwas kurzgegriffen, nur zu sagen: »Alles ist gut. Bleiben Sie so.« Wenn jemand wirklich etwas verändern möchte, dann ist es gut, Wege aufzuzeigen, und mit den Coachees abzuchecken, wie sie sich selbst helfen können. Die Leistung im Lösungsorientierten-Kurz-Coaching ist, dem Menschen Bilder anzubieten, Impulse zu geben und vor allem die Erlaubnis zu geben, ihre Fantasie zu nutzen. Auch hier gilt die oben beschriebene Feststellung: Menschen sind klug für sich, wenn man sie lässt und darin bestärkt. Und manchmal kann ein einziger Impuls Leben verändern, Mut machen, Bestätigung und Ansporn sein.

Vor kurzem habe ich einen englischsprachigen Song im Radio gehört, mit einem seltsamen, eindringlichen Sprechgesang. Musik aus den siebziger Jahren, erstaunlich beeindruckend. Dieser Song war damals ein absoluter Hit, hörte ich in der Abmoderation. Mir ging diese eindrucksvolle Stimme nicht mehr aus dem Kopf, auch wenn ich den größten Teil des Inhalts nicht verstanden hatte. Ich dachte öfters, dass ich beim Bayerischen Rundfunk anrufen und nach dem Titel fragen sollte, was dann aber aus Zeitmangel unterblieb.

Eine Woche später erzählt mir mein Mann von einem amerikanischen Radiosprecher, Les Crane, der ein Gedicht, genannt »Desiderata« (Wünsche), in einem Song vorgetragen hat. Ich war ganz aufgeregt: »Ich glaube, das habe ich neulich gehört.« Siegfried druckte mir den Text aus, der in vielen verschiedenen Fassungen verbreitet wird. Der Text wird Max Ehrmann, einem deutschstämmigen Amerikaner, zugeschrieben. Er handelt von der Einstellung zum Leben. Lesen Sie selbst:

Gehe freundlich und gelassen inmitten von Lärm und Hast
und denke daran, welcher Friede in der Stille zu finden ist.
Soweit wie nur möglich und ohne dich selbst aufzugeben,
versuche mit allen Menschen auszukommen.
Rede von deiner Wahrheit ruhig und deutlich,
und höre anderen zu, selbst wenn sie dir langweilig
und unwissend erscheinen.
Auch sie haben ihre Geschichte.
Gehe lauten und angriffslustigen Menschen aus dem Weg,
denn sie sind eine Plage für den Geist.
Wenn du dich mit anderen vergleichst,
werde weder eitel noch verbittert,
denn es wird immer Menschen geben,
die mehr oder weniger können als du.
Freue dich über das, was du erreicht hast,
wie auch über deine Pläne.
Behalte das Interesse an Deiner Arbeit,
doch ohne Überheblichkeit, denn dein Tun
und Handeln ist ein wahrer Besitz unter all
den Dingen, deren Wert ständig abnimmt.
Sei vorsichtig bei deinen Geschäften,
denn die Welt ist voller List.
Werde aber dadurch nicht blind gegenüber der Tatsache,
dass es viele Menschen gibt, die noch Ideale haben
und sie zu verwirklichen trachten.
Sieh auch, dass es überall im Leben noch
echte Tapferkeit gibt. Sei du selbst!
Vor allem täusche nicht Zuneigung vor
und werde nicht zynisch, was die Liebe angeht.
Denn trotz aller Erstarrung und Entzauberung,
die du um dich siehst, lebt sie ewig fort wie das Gras.

Beuge dich freundlich dem Rat der Jahre,
und gib mit Anmut jene Dinge aus der Hand,
die der Jugend vorbehalten sind.
Erhalte dir die Schärfe Deines Verstandes,
denn sie vermag dich vor plötzlichem Unglück zu bewahren.
Aber lass dich nicht fallen in ständiges Grübeln.
Viele Ängste sind nur Folge von Müdigkeit und Einsamkeit.
Pflege eine gewisse Disziplin, im übrigen aber
sei freundlich mit dir selbst.
Du bist ein Kind des Universums,
nicht anders als der Baum vor der Tür
oder die Sterne am Himmel.
Du hast ein Recht darauf, hier zu sein.
Und ob es dir nun klar ist oder nicht:
Das Universum entfaltet sich seiner Bestimmung gemäß.
Deshalb lebe in Frieden mit Gott,
für was immer du ihn halten magst,
und was immer deine Arbeit und dein Streben sein mag
in der lärmerfüllten Verirrung des Lebens.
Halte Frieden mit deiner Seele.
Trotz aller Täuschungen, Plackereien
und aller zerbrochenen Träume ist es immer noch
eine wunderschöne Welt.
Sei bedacht. Strebe danach,
glücklich zu sein.

Strebe danach, glücklich zu sein ... Das war das Gedicht, das ich in dem Lied gehört hatte! Ich suchte auf Youtube danach und fand es. Immer wieder habe ich es mir angehört. Bis mir die Faszination des Textes klar wurde: »Genauso versuchst du doch zu leben.«

Strebe danach, glücklich zu sein. Ja, das ist der richtige Ausdruck. Strebe danach, das heißt, sorge für dich, sei aktiv, tu was, sei Handelnde in deiner Welt. Und jetzt kommt Erfolg ins Spiel, er ist ein wichtiger Teil des Lebens. Weil er die Chance in sich birgt, dass wir all die Teile unseres Lebens, die wir selbst beeinflussen können, zu unserem Besten gestalten. Übrigens: Aristoteles hat zum ersten Mal beschrieben, dass der Mensch durch sein Handeln zu seinem Glück selbst beitragen kann. Das heißt, dass durch ein gutes Leben das Glück gewährleistet sei.

Selbstwirksamkeit[3] nennt man das, ein spannender Begriff aus der Lösungsorientierten Therapie. Die Überzeugung, dass wir keine Opfer sind, sondern unser Leben mitbestimmen können. Wenn wir glauben, dass wir die Kompetenz haben, etwas zum Besseren verändern zu können, dann schaffen wir es eher aktiv zu werden, als wenn wir das Scheitern fürchten.

Wer glaubt denn, dass ein romantisches Gedicht als Grundlage für Lebenserfolg dienen kann? Wer hört denn auf einen amerikanischen Schlager? Ich! Wie ich überhaupt glaube, dass es eine Art »Weltwissen« gibt über das, wie Menschen sind und was sie brauchen. Und in allen Kulturen, auf allen Kontinenten hat es immer Menschen gegeben, die die Weltweisheit auch in Worte fassen konnten. Und seien wir ehrlich: In vielen Gedichten, Liedern, Filmen und Bildern geht es ebenfalls genau darum. Was brauchen Menschen, um glücklich zu sein? Nach meiner Erfahrung sind die Antworten meist ganz einfach.

3 Der Begriff wurde in den 70er-Jahren vom Psychologen Albert Bandura geprägt. Er bezeichnet die Erwartung, aufgrund eigener Kompetenzen gewünschte Handlungen erfolgreich selbst ausführen zu können. Untersuchungen zeigen, dass Personen mit einem starken Glauben an die eigene Kompetenz größere Ausdauer bei der Bewältigung von Aufgaben, und mehr Erfolge in der Ausbildung und im Berufsleben aufweisen.

Wie wirkt das Gedicht »Desiderata« auf Sie? Spricht es Sie an? Haben Sie auch Zeile für Zeile gelesen und oft genickt? Entspricht es auch Ihrer Lebenseinstellung? Bemühen Sie sich genauso darum, Ihr Leben mit Menschlichkeit zu leben? Sind Sie auch romantisch? Vielleicht. Sind Sie dadurch unrealistisch? Nein, sicher nicht. Denn jetzt kommt die Positive Psychologie ins Spiel.

In der Psychologie gibt es heute zwei Richtungen. Die eine, die traditionelle und von den meisten Psychologen praktizierte Richtung, nennt sich schlicht »Psychologie«. Als Kern ihres gesellschaftlichen Auftrages sieht sie, Menschen, die seelisch leiden oder psychisch erkrankt sind, beizustehen und sie – ähnlich wie Ärzte es auf körperlichem Gebiet tun – nach Möglichkeit von ihren Leiden zu heilen.

Einem, der sich hier gut auskennt, dem US-amerikanischen Psychologie-Professor Martin Seligman war das irgendwann nicht mehr genug. Er hatte Jahrzehnte lang über Depression geforscht und war wesentlich daran beteiligt gewesen, hierfür Therapien zu entwickeln. In den neunziger Jahren begann der Wissenschaftler die Psychologie zu revolutionieren: Nicht mehr nur die negativen Seiten des Lebens sollten von der Psychologie erforscht werden, sondern auch die positiven. Nicht nur um die Schwächen der Menschen sollten sich die Psychologen kümmern, sondern auch um ihre Stärken. Das war die Geburtsstunde der Positiven Psychologie.

Seligmans Kernsatz dabei heißt: »*Ich glaube nicht, dass du übermäßig viel Mühe darin investieren solltest, deine schwachen Seiten zu korrigieren. Im Gegenteil, ich glaube, dass der* 114 *größte Erfolg im Leben und die tiefste emotionale Befriedigung daraus resultiert, dass du deine Signaturstärken entwickelst und einsetzt.*«

Das Wort Signaturstärken kommt aus dem Englischen, in dem »signature« Unterschrift heißt. Signaturstärken sind also die Stärken, die einen Menschen unverwechselbar machen, wie eben seine Unterschrift. Seligmans Credo ist ein großer Mutmacher für Frauen, die nicht mehr wie bisher versuchen, immer perfekter zu werden – und immer wieder daran scheitern.

Die Positive Psychologie kann heute mit guter Präzision sagen, was die Fröhlichen froh macht, die Starken widerstandsfähig gegen Leiden werden lässt, und was die Zufriedenen mit sich und ihrem persönlichen Schicksal versöhnt. Sie erforscht, wie Menschen, wie Gruppen und wie Institutionen aufblühen. Das harmlos klingende Wörtchen »aufblühen« bedeutet, dass die Positive Psychologie erforscht, welche Lebensumstände, welche Maßnahmen und welche Entwicklungen dazu führen, dass Menschen mit mehr Lebensfreude am Leben teilnehmen können. Den Anfang dazu hat übrigens eine Frau gemacht: Die Psychologie-Professorin Barbara Fredrickson, zu ihr gleich mehr.

Die fünf Faktoren, die Menschen zum Aufblühen bringen, hat Martin Seligman u.a. in seinem Buch »Flourish« beschrieben:

1. Das Wissen um die eigenen Stärken
2. Positive Emotionen
3. Sinn im Tun erkennen
4. Dinge tun um ihrer selbst willen
5. Gute Beziehungen zu anderen Menschen haben

Und jetzt wird es spannend: Wir reden hier von 20 Jahren intensiver, gezielter Forschung! Diese fünf Aspekte, die uns zum Aufblühen bringen, sind nicht die Ideale eines einzelnen Psychologen, sondern 20 Jahre lang haben Wissenschaftlerinnen und Wissenschaftler erforscht, was ein geglücktes Leben ausmacht. Und erstaunlicherweise decken sich die Forschungsergebnisse zu

einem großen Teil mit den romantischen Zeilen von Max Ehrmann in »Desiderata«.

Und jetzt verrate ich Ihnen eine Erkenntnis, die ich noch von
niemand anderem gehört habe: Sie decken sich auch zum
größten Teil mit den Vorstellungen von Frauen, was glücklich
macht. Und damit, was Frauen für den Erfolg von Unternehmen
und das Glück von Familien tun. In über 20 Jahren Arbeit als
Trainerin, Rednerin und Coach mit Frauen ist mir Folgendes
aufgefallen:

1. Das Wissen um die eigenen Stärken

Die meisten Frauen wollen im Beruf ihre Stärken einbringen,
ihre Talente leben und Anerkennung für ihre Arbeit bekommen.
Ja, Frauen brauchen mehr positive Rückmeldungen als Männer.
Denn viele Frauen haben eine vielleicht karrieremäßig hem-
mende, aber ansonsten sympathische Eigenschaft: Sie haben
Selbstzweifel. Ihnen fehlt meist die Überheblichkeit des »Klar-
schaffe-ich-Das«. Frauen brauchen mehr als Männer die kleinen
Rückmeldungen »Super Leistung«, »Guter Brief«, »Du siehst
toll aus«, »Hat lecker geschmeckt ...« Sie beziehen ihr Selbstbewusstsein auch durch die Wahrnehmung anderer. Die Frage ist,
ob es nicht besser wäre, wenn sie unabhängig vom Urteil anderer
wären. Ja, kann sein. Aber der Mensch spiegelt sich eben auch
im Auge der anderen. Im Kapitel »Großzügigkeit« habe ich einige Übungen vorgestellt, mit denen Sie den Stolz auf sich und
Ihre Talente erleben und vertiefen können.

Ein wichtiges Wort für ambitionierte Frauen ist dabei
»Authentizität«, sie arbeiten gern und viel, aber sie wollen sich
für den Erfolg nicht verbiegen. Sie wollen echt sein können, sie
sind nicht bereit, für den Erfolg ihre Persönlichkeit zu verstecken. Sie wollen das Leben leben, mit allen Varianten. Sicher

wollen das viele Männer auch, aber bei Frauen-Seminaren ist das nicht auch, sondern *immer* ein Thema.

Noch ein Wort zum Unterschied Männer/Frauen. Ich rede von einer Mehrheit in beiden Geschlechtern. (Mein Mann verbittet sich übrigens, dass ich ihn in eine »Männer-Kiste« zusammen mit Lothar Matthäus, dem Papst und Berlusconi stecke.) Aber er bestätigt mir nach sechs Jahren begleitender Erfahrung mit Frauen auch, dass es sehr wohl unterschiedliches Verhalten der Geschlechter gibt. Dazu später mehr.

2. Positive Emotionen

Frauen schaffen positive Emotionen. Die viel belächelte »Wohlfühl-Atmosphäre«, für die meistens Frauen sorgen: Die Kekse auf dem Besprechungstisch, die Blumen am Arbeitsplatz, das freundliche Lächeln, das lustige Poster an der Wand, das bestätigende Nicken, während andere sprechen. Das alles ist »typisch weiblich« (ja, es gibt auch Männer, die diese weibliche Seite leben). Was oft bespöttelt wird »Mutti macht's sich wieder nett«, ist eine Grundlage dafür, dass Menschen aufblühen können, sprich kreativ sein können.

Frauen schaffen die Atmosphäre, in der Menschen kreativ werden können. Und kreativ werden Menschen, wenn Stress abgebaut und gute Gefühle ermöglicht werden. Viele männliche Chefs haben mir bestätigt, dass die Stimmung in einer Konferenz, in der Frauen anwesend sind, ergebnisfördernder ist als wenn keine Frau dabei ist. Oder wie mir mal ein Vorstandsvorsitzender in einem Interview gesagt hat: »Wir brauchen mehr Frauen in Führungspositionen, coole Fuzzis haben wir schon genug.«

Also kein Wunder, dass eine Frau als Erste die Frage gestellt hat: Wofür gibt es positive Emotionen? Lange vor Martin Seligman hat die Wissenschaftlerin Barbara Fredrickson als erste

Psychologin diese Frage untersucht. Wofür es negative Gefühle gibt, das wusste man schon länger: Als Warnung vor Gefahren. Angst, Vorsicht, Scheu (und schnell weglaufen können). Das waren gute Helfer der ersten Zweibeiner, um nicht vom Säbelzahntiger gefressen zu werden.

Aber bis vor wenigen Jahrzehnten wusste die Wissenschaft nicht zu erklären, wofür der Mensch gute Gefühle hat wie Liebe, Zuneigung, Neugier, Wohlfühlen. Barbara Fredrickson hat die Antwort erforscht: Positive Emotionen schaffen Raum für Kreativität. Wann kommen Sie auf gute Gedanken? Wenn Sie im Stress sind – oder wenn Sie entspannt spazieren gehen, duschen, blöd vor sich hingucken? Sehen Sie! Stress macht blöd, fasse ich gern die Forschung von Barbara Fredrickson zusammen. Entspannung schafft Raum für Ideen und Lösungen. Heißt: Schaffe eine gute Atmosphäre, und die Menschen um dich herum können auf kreative Ideen kommen.

3. Den Sinn im Tun erkennen

Menschen können aufblühen, wenn sie einen Sinn in dem sehen, was sie machen. Sprich, wenn man weiß, wofür man etwas tut, dann ist auch die nötige Motivation vorhanden. Nach meiner Erfahrung können Männer besser »dienen«, sie befolgen Anweisungen. Frauen fragen viel öfter nach dem Sinn. Sie maulen übrigens auch wesentlich öfter über Entscheidungen, die getroffen worden sind. Ich habe mal einen Vortrag vor Steuerberatern gehalten, fast ausschließlich Männer. Ich habe sie für eine Übung gebeten, sich gerade hinzusetzen. Es machte »schlack« und sie saßen da wie eine Eins. Ich traute meinen Augen nicht. Bei einem überwiegend weiblichen Publikum braucht es Minuten, bis sich auch die letzte Frau bequemt hat, sich gerade hinzusetzen nach dem Motto: »Na, dann tu ich ihr halt den Gefallen.« Viele

Chefs und Chefinnen berichten, wie schwer es ist, ein Frauen-team zu führen. Das glaube ich gern, Frauen kann man nichts befehlen, man muss sie überzeugen.

»Wer ein Warum zu leben hat, kann viele Wie ertragen«, heißt für jede einzelne, dass sie imstande ist, mehr zu leisten, wenn sie einen Sinn dahinter spürt. Eine berufstätige Mutter von drei Kindern schafft Dinge, die ein Single manchmal nur mit Staunen beobachtet: »Wie du das schaffst!« Wer sich selbst-ständig macht, kann Wochenenden durcharbeiten ohne auszu-brennen, weil man weiß wofür. Wer sich in ein altes Bauernhaus verliebt hat, schuftet Stunden um Stunden, um es wohnlich zu machen, »Also, was Ihr da leistet!« Wer Führungskraft werden will, ist bereit, sich weit über das gewöhnliche Maß hinaus zu engagieren. Was Sinn macht, ist keine Belastung. Die Sinnhaftig-keit unseres Tuns bestimmt also, ob wir das Gefühl haben, ein geglücktes Leben zu führen. Und wer einen Sinn im Tun erkennt, dem schmeckt der Erfolg besonders süß!

4. Dinge um ihrer selbst willen tun

Bestimmt kennen Sie den Ausdruck »Flow«. Und Sie haben den Flow garantiert schon erlebt (vielleicht genau beim Bücherlesen, wo die Zeit verfliegt und wir alles um uns herum vergessen). Flow beschreibt den Zustand des Versunkenseins, in dem wir konzentriert wie in Trance etwas tun, ohne auf die Uhr zu schauen. Mihaly Csikszentmihalyi, der amerikanische Psycho-loge mit ungarischen Adelswurzeln, der den Begriff »Flow« ge-prägt hat, hat ihn bei Künstlern beobachtet, die über ihre Kunst die Zeit vergessen.

Ich habe neulich selbst einmal wieder so eine Erfahrung ge-macht. Ich habe bei dem Künstler und Coach Peter Bannert einen Workshop an meiner Coach-Akademie mitgemacht, indem wir unsere Zukunftsvision als Collage darstellen konnten. Wir haben zwei Stunden intensiv gearbeitet. In der Gruppe von 20 Menschen hat niemand geredet, jeder war auf seine eigene Arbeit konzentriert, wir waren wie in Trance. Und die aus Zeitschriften ausgeschnittenen Bilder, die Farben und die Worte haben uns »gefunden«. Jedenfalls hatte jeder von uns am Schluss sein Zukunftsbild. Keiner von uns hatte bewusst überlegt, es war uns »zugeflo(w)gen«. Und wir hatten keine Vorstellung, wie viel Zeit inzwischen vergangen war.

Seligman berichtet davon, dass zum geglückten Leben diese Erfahrung gehört, dass Menschen etwas um der Sache selbst willen tun. Glückliche Menschen machen etwas, weil sie es tun wollen: egal ob sie Schuhe verkaufen oder ein Bild malen, die Sockenschublade aufräumen oder eine Dissertation schreiben. Egal, ob sie Querflöte üben oder Kinder unterrichten, ein fünfgängiges Menue kochen oder die Ablage machen. Wenn sie es aus innerem Antrieb tun, dann erreichen sie dieses Gefühl des Flow, den man nicht mit Geld oder Titeln, nicht mit Komplimenten oder Antreiben erzwingen kann.

Ich nenne diese Einstellung zum Tun Hingabe. Ein Wort übrigens, das ich als junge Frau bescheuert fand. Hingabe, das klang so passiv, so nach »Nimm mich, ich gehöre dir«. Erst im höheren Alter habe ich mich mit dem Wort angefreundet. Hingabe, ja das heißt: Tun, was man liebt. Und auch: Lieben, was man tut.

Ist Ihnen etwas aufgefallen? Flow-Erlebnisse geschehen ohne Ziel. Sie machen einfach nur Spaß, beziehungsweise sie ziehen uns magisch an. Die Wissenschaftler der Positiven Psychologie haben festgestellt, dass nicht die Spitzenleistungen Menschen glücklich machen, die honoriert werden und für gesellschaftliche Anerkennung sorgen, sondern dass die Menschen glücklich sind, die etwas tun, weil sie es tun wollen. Deshalb ist es so wichtig, dass Menschen am richtigen Arbeitsplatz sind mit den Aufgaben, für die sie prädestiniert sind!

5. Gute Beziehungen zu anderen Menschen haben

Frauen gelten als das soziale Geschlecht. Sie halten den Kontakt zu ihrer Familie – und zu seiner. Sie verabreden Treffen mit Freunden und Nachbarn. Sie kennen die Lehrer ihrer Kinder und die Namen ihrer Freunde. Die Positive Psychologie stellt eindeutig fest: Dieser Punkt ist der allerwichtigste für ein geglücktes Leben. Ein hoch geachteter amerikanischer Psychologe, der 2012 verstorbene Professor an der University of Michigan Christopher Peterson, pflegte auf die Frage, was Menschen brauchen, mit drei Worten zu antworten: »Other people matter«. Es kommt auf die anderen Menschen an.

Zum Abschluss dieses Kapitels möchte ich Ihnen gern die Weisheit eines Zen-Meisters mitgeben, der gesagt hat:

»Wenn ihr gehen müsst, geht.

Wenn ihr sitzen müsst, sitzt.

Seid einfach euer gewöhnliches Selbst

im gewöhnlichen Leben.«

AUF DEM WEG ZU MEHR LEICHTIGKEIT

Sie sind eine erwachsene Frau und Sie wissen, dass Persönlich-keitsentwicklung nicht auf Knopfdruck passiert. Sie können nicht einfach einen Schalter umlegen und sind plötzlich die Frau, die Sie sein wollen. Entwicklung setzt Bewegung voraus. Sich auf den Weg machen, ist der Anfang. Wenn Sie sich mehr Erfolg wünschen und mehr Leichtigkeit, dann bereiten Sie ein Start-Fest für sich ganz allein vor. Suchen Sie sich einen guten Termin aus, an dem Sie Ruhe haben werden, schicken Sie (falls vorhanden) Mitbewohner ins Kino, zur Oma oder in die Kneipe. Diese Stunden gehören nur Ihnen. Stellen Sie sich vor, dass Sie dem Menschen, der am allerwichtigsten in Ihrem Leben ist, ge-nussvolle Stunden bereiten werden. Ja, das sind Sie.

Wie wird dieses Fest ablaufen: Sie werden mit negativen Ge-danken Schluss machen. Sie werden sich alle tatsächlichen und vermeintlichen »Sünden« verzeihen und sich mit sich selbst ver-söhnen. Sie werden Toasts auf sich selbst ausstoßen. Sie werden sich feiern. Und das mithilfe von fünf eindringlichen Erkennt-nissen, die Sie auf Ihrer Reise zu sich selbst bekommen werden.

1. Erkenntnis: Ich verzeihe mir.
2. Erkenntnis: Ich versöhne mich mit meinem Leben.
3. Erkenntnis: Ich versöhne mich mit anderen.
4. Erkenntnis: Ich gehe achtsam mit mir um.
5. Erkenntnis: Ich verwöhne meine Sinne.

1. Erkenntnis: Ich verzeihe mir

Als Erstes heißt es an diesem Tag oder Abend, mit demotivierenden Gewohnheiten abzuschließen. Also Schluss mit Selbstvorwürfen. Sie kennen sicher solche Gedanken, die Sie nicht beflügeln, sondern runterziehen: Hätte ich doch damals kurz vor der Prüfung nicht hingeschmissen. Wäre ich doch lieber … geworden. Wenn ich nicht so faul wäre, dann könnte ich … Hätte ich doch noch die Fortbildung zur … gemacht. Wenn nicht die Kinder dazwischen gekommen wären, dann hätte ich bestimmt … Eigentlich sollte ich …

Diese Sätze können logisch und richtig – und dennoch ausgemachter Unsinn sein. Sie ändern überhaupt nichts an dem Leben, das Sie gelebt haben. Selbstvorwürfe hängen sich als lähmender Ballast an uns und verhindern Leichtigkeit. Lenken Sie die Aufmerksamkeit auf das, was Sie gut gemacht haben oder machen, räumen Sie die Sicht auf die Dinge frei, die Sie richtig gut gemacht haben. Sie drehen so Ihre Aufmerksamkeitsspirale nach oben!

Eine wunderbare Übung: Nehmen Sie ein Blatt Papier und schreiben Sie fünf Erfolge auf, die Sie in Ihrem Leben geschafft haben, beruflich oder privat ist erst einmal nebensächlich. Wenn Ihnen mehr Erfolge einfallen, schreiben Sie auf, was Ihnen einfällt. Meine Erfahrung: Wenn wir uns erst einmal die Erlaubnis gegeben haben, uns gut zu finden, liefert das Gedächtnis genügend Beispiele dafür, dass wir uns nicht irren! Dieser Zettel

gehört zu Ihrer Sammlung an die Pinnwand oder den Kühlschrank. Vielleicht fangen Sie auch damit eine Collage an. Es
werden noch mehr hilfreiche Elemente folgen!

Manchmal helfen uns andere Menschen dabei, die Sichtweise
zu ändern: Ich habe viele Jahre lang immer wieder mal ziemlich
despektierlich erzählt, dass ich meine ersten Vorträge an der
Volkshochschule in Puchheim-Bahnhof gehalten habe. In meiner Stimme schwang immer so ein bisschen mit: Boah, das war
nun wirklich nichts Besonderes, im Publikum saßen ein paar
Frauen aus diesem Münchner Vorort.

Eigentlich wollte ich damit nur sagen: Schaut mal, ich habe
auch mal klein angefangen. Und ich war wirklich nicht besonders stolz auf meine Leistungen bei meinen ersten Vorträgen, bei
denen ich mich selbst noch sehr unsicher gefühlt habe. Vor zwei
Wochen bekam ich nun über Facebook eine Mail von einer
Frau, die schrieb: »Hallo Frau Asgodom, ich war vor etwa 15
oder 17 Jahren in Puchheim auf einem Ihrer Vorträge. Das hat
mich geprägt. Danke.«

Mir sind die Tränen gekommen, wie genau auch jetzt wieder,
während ich dies schreibe. Auch ich kenne, mit meinen 60 Le-
bensjahren, mit 40 Jahren Berufserfahrung, mit meiner 20-jäh-
rigen Trainer- und Coach-Erfahrung, nach 29 Büchern, also,
auch ich kenne immer noch das Gefühl, mich selbst klein zu
machen und gering zu schätzen, was ich geleistet habe. Und das,
obwohl meine große Liebe und mein weiser beruflicher Begleiter
Siegfried Brockert mir gleich zu Beginn unserer Ehe gesagt hat:
»Niemand beschimpft meine Frau. Schon gar nicht sie selbst!«

Also, bitte zermartern Sie sich nicht Ihr Hirn, warum Sie
etwas »versemmelt« haben. Verscheuchen Sie die Selbstvorwürfe, die Suche nach Schuld und die Selbstanklage. Versöhnen
Sie sich mit Ihrem Leben. Und denken Sie daran: Sie sind genau

an der Stelle, an der Sie sein können. Schauen Sie auf Ihr Potenzial: Sie sind reich! Sie besitzen einen riesigen Schatz an Wissen und Erfahrung, es kommt nun darauf an, diesen Schatz zu orten und zu heben, ihn zu polieren, sodass Sie in seinem Glanz strahlen können. Veranstalten Sie dieses Fest der Sinnlichkeit, um all das zu feiern, was Sie bis heute gelernt, gelebt und erfahren haben. Es ist die Fülle, die Sie auszeichnet. Und darauf können Sie aufbauen.

Es ist an der Zeit, einen Schlussstrich zu ziehen – nicht im Zorn, sondern mit Gelassenheit. Denn: Ab sofort können Sie sich ein neues Lebenskonzept vornehmen, Pläne schmieden, erspüren, was Sie sich vom Leben wünschen. Also ziehen Sie ruhig Lehren aus Ihrem bisherigen Leben, um dann Ihre Energie ins Heute zu richten, auf die ungezählten Möglichkeiten, die sich Ihnen bieten!

2. Erkenntnis: Ich versöhne mich mit meinem Leben

Sie sind exakt dort, wo Sie nach Ihren Möglichkeiten, nach Ihrem persönlichen Entwicklungsstand, nach Ihrem Bewusstsein, nach Ihren Entscheidungen und nach Ihren Anstrengungen stehen können. Kein anderer Platz in der Welt wäre möglich für Sie. Weil Sie noch nicht so weit sind. Und der Umkehrschluss: Wenn es anders wäre, wären Sie dort. Das klingt vielleicht etwas gnadenlos. Aber es ist die Wahrheit. Auch wenn es weh tut, Sie sind eine erwachsene Frau und zu alt dafür, die Verantwortung für Ihr Leben irgendjemand anderem in die Schuhe zu schieben. Mir haben in den letzten Jahren Menschen oft gesagt: »Du hättest dich doch auch schon früher selbstständig machen können.« Und ich pflege zu antworten: »Nein, wenn ich mich hätte früher selbstständig machen können, dann hätte ich es früher gemacht.«

Sie kennen vielleicht Oprah Winfrey, die US-Top-Fernsehmoderatorin. Sie hat einen Psychologischen Berater, Phillip McGraw, genannt »Dr. Phil«. Und der hat in einem Interview mit der Zeitschrift »Redbook« einmal gesagt: »Benutze fünf Prozent deiner Zeit dafür, darüber nachzudenken, ob du eine gute Kindheit hattest oder eine schlechte. Und benutze die anderen 95 Prozent dafür, zu entscheiden, was du jetzt aus deinem Leben machst. Vor allem hör auf, ständig andere Leute für deine Probleme verantwortlich zu machen.« Deswegen: Schluss mit quälenden Gedanken, mit dem Grübeln über verpasste Möglichkeiten. Das Nachsinnen raubt Ihnen zu viel Energie, ohne Ihnen etwas Positives zu bescheren.

Vorsicht dabei vor der Selbstmitleidsfalle. Es ist einfach so: Die Habenseite sieht oft sehr viel mickriger aus als die Sollseite. Träumten wir nicht alle in unserem Jungmädchen-Zimmer davon, bildschön und berühmt zu sein? Ich selbst sah mich mit 15 in meinen Tagträumen, während ich eigentlich Mathehausaufgaben machen sollte, als berühmte Eiskunstläuferin, die natürlich unsterblich von ihrem Eislaufpartner geliebt wird. Und natürlich werden wir Eiskunstlaufweltmeister (kennen Sie noch Marika Kilius und Hans-Jürgen Bäumler?). Stundenlang konnte ich mir ausmalen, wie ich umschwärmt und gefeiert würde. Und das obwohl ich niemals in meiner Kindheit auf Schlittschuhen gestanden hatte. Das zur Qualität unserer Mädchenträume.

Übrigens: Vor drei Jahren stand ich in Phoenix/Arizona in einem riesigen Kongresszentrum auf einer feierlich erleuchteten Bühne. Das Licht war auf mich gerichtet, ich bekam eine Auszeichnung, 2000 Amerikaner standen auf, um mir »Standing Ovations« zu spenden. Und zu Hause wartete der Mann auf mich, der mich auf Händen trägt. Also, so weit weg von meinem Teenager-Traum bin ich doch gar nicht, finde ich. Und das ganz ohne Schlittschuhe!

Und was ist mit dem Wunsch nach Reichtum: Okay, vielleicht ist die erste Million noch nicht ganz erreicht, und die Küche haben wir noch per Ratenkredit bezahlt. Vielleicht ist es im Urlaub immer noch Mallorca statt Malibu. Und das neue Business-Kostüm ist von H & M statt von Boss. Na und. Sollten Sie sich deswegen wirklich böse sein? Welche Verschwendung von Energie!

Schließen Sie mit dieser Vergangenheit ab, versöhnen Sie sich auch mit Fehlern und Misserfolgen. Ich weiß, Frauen sind gnadenlos mit ihren Fehlern. »Das hätte nicht passieren dürfen. Wenn ich nur noch mehr … Diesem Mann hätte ich niemals glauben dürfen … «

Meine Güte, kasteien Sie sich doch, peitschen Sie sich, pilgern Sie auf Knien, wohin Sie wollen. Es wird diese Fehler nicht rückgängig machen. Aber es wird Sie für immer in einem Gefühl der Schuld gefangen halten. Diese inneren Fesseln, die Sie sich selbst zur Bestrafung umgelegt haben, werden Sie für immer daran hindern, Ihre Flügel auszubreiten und zum Höhenflug anzusetzen.

Jetzt ist die Zeit gekommen, Verzeihung zu gewähren, Absolution zu erteilen. Sagen Sie auf Ihrem Start-Fest mit sich selbst diesen Satz ganz laut: »Ich versöhne mich mit meinem gelebten Leben.« Oder wenn Sie ganz konkrete Vorwürfe gegen sich haben: »Ich verzeihe mir, dass ich … «

Ich kann Ihnen aus meiner eigenen Erfahrung bestätigen, es ist ein überwältigendes Gefühl, Schuld loszulassen, und sie loszuwerden. Es ist, als wenn sich Eisenbänder um unser Herz lösen; in der Brust steigt Freude auf, ein Gefühl der Leichtigkeit erfüllt uns. Sich selbst verzeihen zu können, ist eines der köstlichsten Gefühle überhaupt. Ich habe 20 Jahre lang geglaubt, wenn ich nicht mit 19 nach München gegangen wäre, wäre mein Vater zwei Monate später nicht gestorben. Was für ein

Wahnsinn. Erst ein Gespräch mit einer guten Freundin hat mich von dem Irrsinn abgebracht. Was für eine Erleichterung!

Dieses Ritual der Versöhnung kann der Beginn einer neuen innigen Liebe zu sich selbst werden. Eine Liebe, die gepaart ist mit Achtsamkeit. Denn nur mit dem, was Sie lieben, gehen Sie auch achtsam um; werden es hüten und beschützen, pflegen und nähren. Mit so einer achtsamen Liebe zu sich selbst werden Sie darauf achten, dass es Ihnen gut geht und Sie glücklich sind.

Vermutlich ist eine der schwersten Aufgaben im Leben, sich mit sich selbst zu versöhnen. Und sich selbst zu lieben. Wer aber weiß, was Liebe ist und wie sie auf Dauer gelingt? Oder gar Selbstliebe? Aber bei dem Wort »Du sollst dich selbst lieben« handelt es sich um ein göttliches Gebot. Es findet sich bereits im Alten Testament und lautet: »Du sollst deinen Nächsten lieben *wie dich selbst*«.

Wem aber ist als Kind beigebracht worden, sich selbst zu lieben? Wenigen. Vielen hingegen ist von Kindesbeinen an eines ausgetrieben worden: jede Form von »Eitelkeit«. Der verbreitetste Satz heißt »Eigenlob stinkt«. Ganzen Generationen von berufstätigen Frauen hat diese Botschaft die Karriere vermasselt.

Damit ist eines der Ziele dieses Buches benannt: Freude an sich selbst haben, Freude am Dasein haben, zur Selbstliebe fähig sein. Das erfordert mehr als guten Willen. Es erfordert Wissen, Bildung, ja Herzensbildung. Die wahre Bildungskatastrophe unserer Zeit und unseres Landes besteht nicht in der Frage: Gesamtschule oder Privatschule? Zu fragen ist vielmehr: Wie soll ein Kind, das nicht gelernt hat, sich zu lieben und zu achten und Freude an sich selbst zu haben, Freude daran haben, Algebra oder einen Satz wie »non scholae sed vitae discimus« zu lernen (Nicht für die Schule, fürs Leben lernen wir)?

Diese Gedanken über Selbstliebe stützen sich auf Forschungen einer neuen Richtung der Psychologie, die sich »Positive Psychologie« nennt. Positiv, weil sie nicht über die negativen Facetten des Menschen und des Lebens forscht, sondern über Freude am Dasein und Liebe zum Leben – auch zum eigenen Leben, auch zur ersten Person Einzahl, denn sogar der Mensch, der die schönen Worte »Ich liebe dich« sagt, beginnt mit dem Wort »Ich«.

Was heißt es nun, einen Menschen zu lieben – und sei man selbst dieser Mensch? Zum Beispiel drei Dinge:

1. Diesen Menschen so erkennen und so annehmen, wie er oder sie ist – und nicht, wie er oder sie sein könnte, sollte oder müsste …

2. Nicht die Fehler, Schwächen und Probleme des geliebten Menschen zum Zentrum des Lebens machen, sondern stattdessen die starken und die guten Seiten.

3. Und dafür zu sorgen, dass der geliebte Mensch diese starken und guten Seiten ins Leben einbringt. Ja, das gilt auch für einen selbst.

Vor kurzem habe ich in Facebook eine Inspirationslawine losgetreten. Ich habe meine »Freunde« eingeladen, mir eine Frage zu stellen, und ich würde ihnen dazu eine Idee, eine Anregung, eine Erfahrung oder einen Kontakt geben. Sofort waren ganz viele Fragen da (übrigens fast ausschließlich von Frauen). Und die meisten rankten sich um die Themen: Ich weiß nicht, was meine Berufung ist – Ich kann mich nicht überwinden, etwas zu tun – Bin ich zu alt, meinen Traum zu leben? – Ich traue mich nicht …

Ich habe fleißig geantwortet. Und plötzlich begannen die Fragenden, sich untereinander Tipps zu geben und von ihren Erfahrungen zu erzählen.

Das hat mir wieder einmal gezeigt: Die meisten Frauen sind

schon ganz richtig, wie sie sind. Aber fast jede von uns hat so eine kleine »Putzstelle«, an der sie arbeiten möchte. Ausgenommen natürlich perfekte Frauen. Nein, stimmt auch nicht, die knabbern an ihrem Perfektionswahn. Was lernen wir daraus? Wir sollten uns nur immer wieder klarmachen: Es ist eine winzig kleine Stelle, an der wir weiterarbeiten, während der Rest schon prima in Schuss ist. Mich tröstet dieser Gedanke. Ich hoffe, Sie auch.

3. Erkenntnis: Ich versöhne mich mit anderen

Versöhnung können wir aber auch in eine weitere Richtung wenden: zu Menschen, denen wir lange gram waren. Eltern vielleicht, die Fehler bei der Erziehung gemacht haben. Lehrer oder Lehrerinnen, die uns beschämt haben. Zur Gelassenheit gehören nach meiner Erfahrung die vier Wörter: verzeihen, versöhnen, verstehen, verbessern!

Vielleicht gibt es in Ihrem Leben ja auch noch jemand, dem Sie verzeihen wollen. Und zwar nicht in erster Linie, um demjenigen etwas Gutes zu tun – sondern sich selbst. Solange Sie nicht verzeihen können, sitzt nämlich höchstwahrscheinlich noch ein Stachel in Ihrer Seele. Sie müssen das übrigens nicht im Gespräch mit dem anderen machen (manchmal geht es auch gar nicht mehr). Eine bewährte Methode ist es, demjenigen einen Brief zu schreiben. Für dieses dritte Ritual ist Ihr Fest eine gute Gelegenheit, dies endlich zu tun. Schreiben Sie alles hinein, was Ihnen auf der Seele liegt, beschreiben Sie, wie es war, als Sie gekränkt, verletzt, beschämt worden sind. Schreiben Sie auf, was das mit Ihnen gemacht hat, wie es Ihr Leben beeinflusst hat. Schreiben Sie, wie Sie heute darüber denken. Und dann – bitte, das ist ganz wichtig! – schicken Sie diesen Brief nicht ab.

Der Brief soll sie erleichtern, er soll den Dorn aus Ihrer Seele ziehen. Verfahren Sie dann mit dem Brief, wie Sie wollen: Zerreißen Sie ihn, zerknüllen Sie ihn; werfen Sie ihn ins Feuer oder ins Wasser. Schauen Sie, dass Sie ihn loswerden. Dies ist ein kleines Ritual mit großer Wirkung.

Ich habe in vielen meiner Bücher Verletzungen aus meiner Kindheit angesprochen und damit auch ein Stück geheilt. Heute bin ich sehr mit meinen Eltern versöhnt, die leider beide schon verstorben sind. Ich verteidige nichts von dem, was sie getan haben. Aber ich bin heute davon überzeugt, dass sie anders gehandelt hätten, wenn sie anders gekonnt hätten. Und das erzeugt einen tiefen inneren Frieden.

Das gegenteilige Vorgehen wird übrigens empfohlen, wenn Sie sich noch bei jemandem bedanken wollen: Dann kann es sehr sinnvoll sein, ebenfalls einen Brief zu schreiben – und ihn tatsächlich dem wunderbaren Menschen zu bringen und vorzulesen, bei dem Sie sich bedanken wollen. Der Psychologe Martin Seligman hat herausgefunden, dass diese Form der Dankbarkeit einerseits den Bedankten glücklich macht, aber noch viel mehr den Menschen, der den Dank ausspricht. Überlegen Sie sich heute doch einmal, bei wem Sie sich noch bedanken wollen. Nehmen Sie sich die Zeit dafür, entweder per Brief – oder »einfach so«.

4. Erkenntnis: Ich gehe achtsam mit mir um

Das ist einer der Grundsätze für das neue Leben, das Sie ab jetzt führen werden. Feiern Sie das Fest der Sinnlichkeit auch, um mit sich einen Vertrag abzuschließen, in Zukunft gut mit sich umzugehen. Nehmen Sie sich in den Arm und wiegen Sie sich. Sie sind ein wundervoller Mensch, der es wert ist, dass man sich sehr liebevoll um ihn kümmert. Vielleicht haben Sie das nicht immer getan, aber auch das ist Vergangenheit. Beschließen Sie ab sofort, sich noch besser und liebevoller um diese Person zu kümmern, um den Verstand, die Gefühle und den Körper dieser Person. Vielleicht haben Sie sich tatsächlich als Frau in den letzten Jahren etwas verloren. Und Sie können stolz darauf sein, sich wieder gefunden zu haben.

Feiern Sie bei Ihrem Fest auch die schönen Dinge, die Ihnen in Ihrem Leben passiert sind, erinnern Sie sich an Glücksmomente in Ihrem Leben, an diese unvergleichliche Stimmung, die uns jubeln und zittern ließ, als das Herz Freudensprünge gemacht und sich ein freches Grinsen von Ohr zu Ohr gezogen hat.

Beschließen Sie während dieser Party mit sich selbst, all ihre Sinne zu pflegen und zu hegen, ihren Körper zu einem heimeligen Ort zu machen, in dem sich der Geist und die Seele wirklich wohlfühlen. In Coachings erfahre ich von (äußerlich) erfolgreichen Frauen manchmal, dass sie eigentlich nur im Kopf leben. »Ab hier«, sagte mir eine Kundin mal und machte eine entsprechende Handbewegung vom Hals abwärts, »spüre ich mich überhaupt nicht mehr.«

Dieses Fest ist also auch die Chance, sich mit Ihrem Körper zu versöhnen. Eine Frau ist eine Frau ist eine Frau. Ich bin ich. Das ist mein Körper. Sie kennen vielleicht die kleinen Feindseligkeiten, die wir gegen unseren Körper empfinden: Die dicken Oberschenkel, der runde Bauch, die mageren Oberarme, der Hintern, der nicht knackig genug ist, der faltige Hals, die zu kleinen, zu großen oder zu ungleichmäßigen Brüste, diese Nase! Niemand anders kann uns so gnadenlos ansehen wie wir uns selbst. Meistens liegt es daran, dass wir als heranwachsendes Mädchen zu oft gehört haben: Du bist nicht okay.

Dieses Nicht-okay-Sein sitzt tief. Aber wie möchten wir frei und unbeschwert die Welt erobern, wenn im Kopf und im Herzen die Unterstützung fehlt? Wie möchten wir unsere Sinnlichkeit nutzen, wenn strenge Wächter der eigenen Unvollkommenheit sie derart bewachen? Nutzen Sie Ihren sinnlichen Verstand, um diese Ketten zu sprengen. Wer bestimmt, wie ein Mensch auszusehen hat? Wer setzt die Normen? Anita Roddick, Begründerin der Body-Shop-Läden weltweit, ist eine der Frauen, die mir ein Vorbild waren. Sie hat zu ihren Lebzeiten eine Kampagne gestartet. Auf Postern war damals eine hübsche dicke Anti-Barbie-Puppe zu sehen, Ruby. Und unter diesem Bild stand: »Es gibt drei Milliarden Frauen, die nicht wie Supermodels aussehen, und nur acht, die es tun.«

Sie haben die Wahl: Sie können beschließen, Ihr Leben lang unter dem Gedanken zu leiden, dass Sie nicht der Supermodel-Norm genügen. Sie können aber auch beschließen, Ihrer Sinnlichkeit eine Chance zu geben, indem Sie Ihren Körper annehmen, so wie er ist.

Ganz im Vertrauen: Ich selbst bin zu klein, zu schwer und natürlich Jahrzehnte zu alt für ein Supermodel, aber ich kann Ihnen verraten: Ich würde mit keinem der Mädels tauschen wollen. Mein Leben ist so verdammt sexy, egal, wie »rubenesk« mein Modell ausgefallen ist. Allerdings musste auch ich fast 40 werden, um das zu kapieren: Ausstrahlung und Lebensgenuss haben nichts mit der Figur zu tun, sondern einzig und allein damit, wie wohl ich mich in meinem Körper fühle. Und dazu gehört auch, auf die Gesundheit und nahrhafte Lebensmittel zu achten und meinem Körper Gutes zu tun.

5. Erkenntnis: Ich verwöhne meine Sinne

Organisieren Sie auf dieser Party mit sich selbst ein luxuriöses Festprogramm für Ihre sieben Sinne:

- Bieten Sie Ihren Augen Futter. Sorgen Sie für schönes Licht, stellen Sie Kerzen auf und räumen Sie alles weg, was Ihr Auge stört. Schmücken Sie das Zimmer mit Blumen oder Tüchern in Ihrer Lieblingsfarbe. Achten Sie darauf, wie sich dieses Ambiente auf Ihre Stimmung auswirkt.

- Lassen Sie Ihre Ohren schwelgen – entweder in völliger Ruhe oder mit wunderbaren Klängen. Achten Sie dabei auf Ihr Schallbedürfnis, wählen Sie das, was Sie in diesem Augenblick bevorzugen. Stellen Sie Musik genau in der Lautstärke ein, die Ihnen guttut. Klang bringt etwas zum Klingen in Ihnen, achten Sie auf das innere Echo.
- Lassen Sie wunderbare Düfte in Ihre Nase dringen, ob durch Blumenbouquets, Räucherstäbchen, feine Duftöle oder Ihr Lieblingsparfum. Lassen Sie die Synapsen im Riechzentrum Ihres Gehirns vibrieren, achten Sie darauf, welche Erinnerungen der Duft in Ihnen auslöst, welche Gefühle.
- Verwöhnen Sie sich mit Ihrem Lieblingsessen, genießen Sie es, ohne auch nur einen Gedanken an Kalorien oder Cholesterin zu verschwenden. Erobern Sie sich den Genuss zurück, der uns viel zu oft durch Gebote und Verbote genommen wird. Essen ist eine herrliche, lebenswichtige Sache.
- Streicheln Sie Ihren Körper, legen Sie Ihre warmen Hände auf Beine, Bauch, Po und Brüste. Spüren Sie, wie die Wärme in Ihren Körper zieht. Reiben Sie Ihre Wange an Ihren Armen, fühlen Sie die weiche Haut. Und versinken Sie in diesem Wohlgefühl.
- Sitzen oder stehen Sie ganz still. Schließen Sie die Augen. Spüren Sie in sich hinein, spüren Sie die Flamme der Lebenskraft. Spüren Sie Ihre innere Wachheit. Spüren Sie Ihren Sehnsüchten nach, wohin zielen sie, nach mehr Ruhe oder ein bisschen mehr Abenteuer? Nach In-sich-Gehen oder Aus-sich-heraus-Gehen?
- Bewegen Sie sich nach dem Klang Ihrer Lieblingsmusik, tanzen Sie durchs Zimmer oder wiegen Sie sich wie ein Gras-

halm im Wind hin und her. Folgen Sie ganz intuitiv der Melodie, geben Sie Ihren Körper dieser Bewegung hin, ohne Kontrolle, ohne Choreographie. Sie sind Musik, Sie sind Bewegung.

Feiern Sie Ihr Fest als großes Versöhnungsfest und schließen Sie jetzt einen Vertrag mit sich selbst. Dieser Vertrag ist die Grundlage aller Entscheidungen und Taten der Zukunft. Sie sind die Meisterin Ihrer Lösungen. Kennen Sie den Spruch: »Ich bin nicht auf der Welt, um so zu sein wie andere mich haben wollen«? Er kann Ihr neues Motto sein. Ab sofort geht es vor allem um Ihr Glück.

Dies ist ein großes Fest für Sie und Ihr Leben. Denn denken Sie immer daran, Sie haben nur das eine. Ich jedenfalls glaube nicht an ein Zweitleben, bei dem wir dann alles anders machen können. Erinnern Sie sich zukünftig daran, dass Sie sich vorgenommen haben, liebevoll mit sich selbst umzugehen. Diese Erkenntnis wird sich wie ein kleiner Vogel auf Ihre Schulter setzen und nach Leichtigkeit verlangen. Es wird Sie an Ihre Flügel erinnern und daran, sie einzusetzen.

Berauschen Sie sich bei diesem Fest an der Unbegrenztheit Ihrer Wünsche, an der Fülle des Lebens, an dem Abenteuer hier und jetzt zu sein. Berauschen Sie sich an der Gnade, Ihr Leben selbst in die Hand nehmen zu können. Es ist so eine unendlich große Chance, die wir haben, weil wir selbst etwas für unseren Glückszustand tun können. Wir allein entscheiden, ob wir mit dem Leben, das wir führen, zufrieden sind oder ob wir etwas anderes wollen.

Nun wissen Sie, was Sie glücklich macht

Bleiben Sie in diesem Rausch mit beiden Beinen auf der Erde, den Kopf in den Wolken, die Füße fest am Boden. Denn wir sind keine Spinner, keine Idiotinnen:

- Wir wissen, dass wir in einer Welt leben, in der nicht immer alles nach unseren Wünschen gestaltet wird.
- Wir wissen, dass sich Hindernisse auf unserem Weg auftun können, dass andere Menschen andere Ziele haben, die sich mit unseren kreuzen oder ihnen widersprechen können.
- Wir wissen, dass wir Fehler machen werden, können und dürfen.
- Wir wissen, dass nur solche Träume sich verwirklichen, die eine Chance der Realisierung bekommen.

Aber wir spüren auch, dass wir noch lange nicht unser Limit an Erwartung und Glück erreicht haben. Wir spüren, dass da noch eine große Toleranzzone ist, die wir entweder noch nicht ausprobiert oder noch nicht ausgeweitet haben.

Beschließen Sie daher Ihr Fest mit einem feierlichen Versprechen:

»Ich bin die wichtigste Person auf dieser Welt für mich. Denn ich weiß, wenn es mir gut geht, wird es auch den Menschen, die ich liebe, gut gehen. Wenn es diese Menschen nicht ertragen sollten, dass es mir gut geht, dann sind es vielleicht die falschen Menschen für mich.«

Und: »Wenn es mir gut geht, werde ich gut sein. Ich werde meine Talente ausschöpfen und meine Fähigkeiten einsetzen können. Ich werde meine Fantasie und meine Kreativität zum Wohle aller einsetzen können. Ich werde den süßen Duft des Erfolgs in mein Leben integrieren. Denn ich habe ihn verdient!«

SIEBEN MÄNNER-RITUALE IM BUSINESS – FÜR FRAUEN ENTSCHLÜSSELT

Sie sind gerne Frau und möchten auch Frau bleiben? Sie wollen sich nicht verbiegen für den Erfolg? Das ist aller Ehren wert. Nein, Frauen müssen nicht zu Männern werden, um Erfolg zu haben (bitte nicht!). Aber wenn sie mit Männern zusammenarbeiten, wenn Männer über Aufstieg und Gehalt entscheiden, wäre es nicht ganz schlecht zu wissen, wie Männer denken, was sie prägt. Frauen können durchaus von Männern einiges über die weit verbreiteten Rituale lernen, die in männlich geprägten Unternehmen unausgesprochen, aber deutlich sichtbar gepflegt werden. Rituale, an denen manche Frauen verzweifeln, über die sich manche richtig aufregen können, oder für die sie ihre Vorgesetzten oder Kollegen sogar manchmal verachten.

Sie können sich vorstellen, dass diese Einstellung nicht gerade erfolgsversprechend ist. Kennen Sie von Frank Sinatra den Song »I did it my way«? Ein Klassiker. Leider heißt es bei Frauen manchmal »I did it no way«. Viele Frauen beherrschen die klassischen Männerspiele allzuoft nicht oder sie wollen sie nicht beherrschen. Und zahlen dafür häufig einen hohen Preis.

Wenn Sie Frauen fragen, was ihnen das Allerwichtigste im Beruf ist, taucht mehrheitlich dieser Begriff auf: Authentizität. Ein schwieriges Wort und ein schöner Begriff. Ja, wollen wir das nicht alle sein: authentisch? Was heißt das eigentlich? Das Wort stammt aus dem Griechischen und bedeutet »echt«. Und dieser Wunsch nach Echtheit, sich nicht verbiegen müssen, seine eigenen Werte leben können, auch im Beruf, dieser Wunsch ist verständlich und berechtigt. Die Frage ist: Ist dieser Wunsch lebbar? Wie soll das gehen, das Sein und den Schein in Übereinstimmung zu bringen oder zu halten – in einem Unternehmen, in einer Hierarchie, in »A Man's World«, die Angepasstheit verlangen?

Balance zwischen Authentizität und Professionalität

Authentizität	**Professionalität**
Ich-Stärke	Ziele
Persönlichkeit	Strategien
Erziehung	Gelassenheit
Erfahrung	Klugheit
Charakter	Diplomatie
Temperament	Souveränität
Prägung	Psychologie
Werte	Methoden

Nach meiner Erfahrung als Angestellte, Selbstständige, Trainerin und Coach habe ich ein Balancemodell entwickelt, das meinen Klienten hilft, für sich selbst Klarheit zu entwickeln, das richtige Leben zu führen. Ich möchte es Ihnen hier vorstellen.

Als Erstes hat jeder Mensch ein »Ich«, hoffentlich ein »starkes Ich«. Wodurch wird dieses geprägt? Durch:

Charakter. Es gibt schon kleine Babys mit Charakter. In ihnen stecken Temperament oder Durchsetzungsstärke, Vorlieben und Abneigung. Und diese Charaktereigenschaften verstärken sich im Laufe eines Lebens.

Erziehung. Menschen tragen, ob sie wollen oder nicht, viele Muster in sich, die durch Erziehung geprägt sind. Was sie für richtig oder falsch halten, ist von ihrer Umwelt beeinflusst.

Erfahrung. Menschen haben aus dem Leben gelernt, was sie wollen oder nie wieder wollen. Worauf sie Wert legen, woran sie glauben, was sie mögen und was nicht.

Fähigkeiten. Menschen haben Talente, Anlagen, Sachen, die ihnen leicht fallen. Menschen verspüren Lust auf Arbeiten, bei denen ihnen das Herz aufgeht, und andere, die sie zu vermeiden suchen.

Werte. Im Laufe des Erwachsenwerdens bildet sich bei Menschen eine Prioritätenliste von Werten heraus. Die können sehr unterschiedlich sein. Während bei einem Menschen Herausforderung, Macht und Verantwortung an erster Stelle stehen können, sind es beim anderen vielleicht Freiheit, Kollegialität und Gerechtigkeit.

Charakter, Erziehung, Erfahrung, Fähigkeiten und Werte machen zusammen einen Großteil der Persönlichkeit eines Menschen aus. Die stärkste Richtschnur für das starke Ich sind dabei die Werte. Authentizität ist die Übereinstimmung von Sein und Schein. Gerade deshalb sind die eigenen Werte die Richtschnur des Handelns, also der Kurs, die Ausrichtung, das Lebensradar. Die Ausführungsbestimmungen, die Umsetzung, brauchen allerdings ein Stück Geschmeidigkeit, wenn sie in der Berufswelt, also einer Welt von Beziehungen und Abhängigkeiten, lebbar sein sollen.

Ich habe die Beobachtung gemacht, dass zur geschmeidigen Umsetzung von Authentizität ein Schuss Professionalität hilfreich ist. Zur Professionalität gehört meines Erachtens zu wissen, wie Männer denken, wie sie miteinander umgehen und was ihnen wichtig ist. Wobei der Begriff »Männer« natürlich dem Klischee entspricht, alle wären gleich nach dem Motto: »Kennst du einen, kennst du alle.« Der Berliner Philosoph Wilhem Schmid sagt dazu: 80 Prozent sind so, wie wir sie uns vorstellen. 20 Prozent sind ganz anders. Für Frauen gilt das übrigens genauso.

Also, bei allen Klischees und Unterschiedlichkeiten: Wer ehrgeizig ist, möchte Strategien, um sein Ziel zu erreichen. Und Strategien heißt sich überlegen: Was muss ich tun, um das zu erreichen, was ich will? Wie laufen die Entscheidungsprozesse in diesem Unternehmen ab? Worauf achten die Männer um mich herum, welche Statussymbole zeigen sie stolz? Dazu gehört auch eine grundsätzliche Wertschätzung für Männer, selbst wenn Frauen deren Verhalten oft unverständlich ist oder gar auf die Nerven geht. Ob Sie den anderen mögen oder nicht, ob jemand Ihr Typ ist oder nicht, im Beruf brauchen Sie die Fähigkeit, alle möglichst gleich freundlich zu behandeln – egal ob Sie Verkäuferin oder Ärztin, Lehrerin oder Assistentin sind.

Es bedarf des Wissens, wie Menschen (Männer) ticken, was

sie brauchen, wie sie reagieren. Sie sollten die Erfahrung haben oder machen, womit Sie Menschen begeistern können und wie Sie etwas bewegen. Sie sollten wissen, dass es klüger ist, einen Vorgesetzten nicht zu beschimpfen, wenn Sie etwas möchten. Dass Sie einen Kollegen nicht zum Verbündeten bekommen, wenn Sie ihm in einer Konferenz vor allen anderen einen Fehler nachweisen. Professionalität bedeutet auch die Kunst, die eigenen Worte abzuwägen, die eigene Reaktion angemessen einzusetzen. Und sich zu überlegen, was kann eher Schaden anrichten, was sollten Sie vermeiden. Wie schaffen Sie es, nicht verbrannte Erde zu hinterlassen.

Ich bin überzeugt, dass das gute Zusammenspiel der beiden Seiten Authentizität und Professionalität eine starke Persönlichkeit hervorbringt, die sich im Leben selbstbestimmt bewegt. Die Balance von Authentizität und Professionalität verleiht Frauen eine starke Ausstrahlung. Und ich mache die Erfahrung, dass sich in der zweiten Lebenshälfte tatsächlich bei Frauen manche »männlichen« Eigenschaften verstärken (nicht nur der Damenbart). Das soll am Ansteigen des Testosterons liegen, also des männlichen Hormons. Schaden tuts nix, finde ich.

Was hat das nun alles mit Business-Ritualen zu tun? Wenn Sie sich in einem männerdominierten Berufsfeld bewegen, macht es wohl Sinn, zu verstehen, wie Männer handeln. Denn Männer sind nicht doof, sie tun, was ihnen nützt. Wenn Sie in einem fremden Land leben wollen, macht es ja wohl auch Sinn, die Landessprache zu lernen. Glauben Sie mir, Verständnis ist hilfreicher als Verachtung. Also schauen Sie sich einmal die sieben häufigsten Männer-Rituale an. Ich beschreibe, wie eine Frau, nennen wir sie Eva, diese Rituale erlebt, die Hintergründe jeder Eigenart, und wie Eva diesen männlichen Habitus für sich und ihren Erfolg nutzen kann.

1. Das seltsame Konferenz-Gehabe

Die Situation: Eva sitzt in der Konferenz, die sich jetzt schon wieder viel zu lange hinzieht. Die männlichen Kollegen machen mal wieder »Schaulaufen«, wie es Eva nennt. »Wie Herr Maier schon gesagt hat«, »Auch ich möchte noch einmal wiederholen«. Eva verdreht die Augen. Und jetzt noch dieser Langweiler nach dem Motto: Es ist alles gesagt, nur noch nicht von mir. Eva klopft verzweifelt auf ihre Uhr: schneller Leute, der Schreibtisch ist voll, die Arbeit wartet!

Was steckt dahinter? Was Frauen wie Eva zur Verzweiflung treibt, ist eine altbewährte Loyalitätsübung unter Männern. Sie hat Geschichte, denn sie kommt aus einem der ältesten Männerbünde überhaupt, dem Militär: Wenn ein Offizier seinem Soldaten einen Auftrag gegeben hat, dann hatte er diese Aufgabe zackig zu wiederholen: »Jawoll, Herr Oberstleutnant, rechts um, Abmarsch.« Dies war ein Zeichen des absoluten Gehorsams.

Warum tun Männer das? Heute nennen wir das Loyalität. Wenn auch der dritte wiederholt, was der »Ranghöhere« gesagt hat, dann signalisiert auch er damit: »Ich stehe auf Ihrer Seite, Sie können mit mir rechnen.« Oder salopp ausgedrückt: »Wir haben verstanden.« Was passiert, wenn eine Frau dieses Spiel nicht mitspielt? Es wird an ihrer Loyalität gezweifelt.

Wie können Frauen das nutzen? Wenn dieses Ritual den Zusammenhalt stärkt, ein Wir-Gefühl fördert und die Arbeit erleichtert, kann Eva, wenn sie will, sich da mühelos einklinken. Vielleicht macht es ihr mehr Spaß, die Zweite als die Fünfte zu sein. Also rechtzeitig das Wort ergreifen, Verständnis signalisieren, die Loyalitätsbrücke schlagen – wenns der Sache dient. (Nebenbei kann Eva ja anregen, dass Zeitlimits für Konferenzen eingeführt werden.)

2. Wettbewerb mit Statussymbolen

Die Situation: Eva ist befördert worden. Das Erste, was ihr Kollege sie fragt: Was für einen Dienstwagen suchst du dir aus? Eva ist das sowas von egal, sie fährt sowieso am liebsten mit der U-Bahn, das findet sie stressfreier. Sie lehnt auch das Angebot ab, in ein größeres Büro zu ziehen. Ihr gefällt es im Großraumbüro. Mitten unter ihren Kollegen ist es ja auch viel kommunikativer. Bei ihrem Vorgesetzten erntet sie nur Kopfschütteln.

Was steckt dahinter? Natürlich wieder das Militär (egal ob bei ecuadorianischen Indianern oder dem Schweizer Nationalheer). Je höher, umso mehr Federn, Streifen oder Sterne. Genau so läuft es in einer fast ebenso alten Institution, der Kirche. Wer darf das pinke Kardinals-Käppchen tragen? Sehen Sie! Statussymbole drücken also auf einen Blick die Rangordnung aus. Wer hat die teuerste Armbanduhr? Und wer die goldenen Manschettenknöpfe? Wer ist hier der Chef? Und wer dient sich erst nach oben?

Warum tun Männer das? Was im Militär die Epauletten, beim Flugkapitän die Streifen auf dem Ärmel und in der katholischen Kirche die roten Prada-Schuhe, sind im Unternehmen die neuen Statussymbole: Ein Büro mit drei Fenstern ist ranghöher als eins mit zwei Fenstern. Das Ziel ambitionierter Kleinfürsten: das große Eckbüro. Der Dienstwagen ist ein klassisches Statussymbol, deswegen gibt's klare Vorschriften, wer welche Hubraumklasse bekommt und welche Farbe die Limousine haben darf. Damit ist auf einen Blick klar, wer in der Firma welchen Rangplatz einnimmt (und dem Nachbarn auch, wenn man mit dem neuen Siebener-BMW in den Carport rollt). Und deshalb habe ich schon Männer weinen sehen, denen man die Senator-Card abgenommen hat.

Wie können Frauen das nutzen? Eva muss zuallererst mal wissen: U-Bahn-Fahren kann den Status senken. Das Durch-

143

gangsbüro auch. Und dann kann sie für sich entscheiden: Spiele ich mit, dann her mit dem Mittelklassewagen. (Übrigens: Auch Äbtissinnen tragen ein kostbareres Kreuz als ihre einfachen Mitschwestern.) Oder signalisiert sie bewusst die Zeitenwende? Das muss Eva allerdings wirklich gut kommunizieren. »Liebe Kollegen, wir müssen alle den Gürtel enger schnallen, deshalb habe ich mich entschlossen, mein neues Büro mit Möbeln aus dem Depot zu bestücken. Bitte achten Sie ebenfalls verstärkt auf unsere Kosten.«

3. Karrierequartett für Große

Die Situation: Eva ist Vielfliegerin und sitzt in der Münchner Lufthansa-Lounge. Neben ihr begrüßen sich überschwänglich zwei Männer in feinem Tuch, beide um die 40. Jetzt beginnt der Balztanz der Vertriebshähne: »4300 Mitarbeiter« – »275 Millionen Jahresumsatz« – »Haus am Starnberger See« – »Loft in Hamburg« – »Sohn auf Segelschiff« – »Tochter im Outback Australiens« ... Eva schaut fasziniert zu und fühlt sich an ihre Jugend als Fahrschülerin erinnert. In der Reihe hinter ihr saßen immer Klaus und Michi aus der 5. Klasse und haben Autoquartett gespielt, das klang genauso: 495 PS, 29 Liter Verbrauch, Spitze 240 ... Meiner.

Was steckt dahinter? Genau das – Autoquartett. Wer hat den längeren, den größeren, den schnelleren Wagen? In diesem Lounge-Gespräch haben die beiden ehemaligen Studienkollegen blitzschnell abgecheckt: Wer ist der Ranghöhere von uns beiden? Und es ist wirklich wie im Kindergarten. Studien zeigen, dass schon dreijährige Jungen wissen, wer der »Bestimmer« in der Marienkäfer-Gruppe ist. Da spielen Mädchen noch harmlos mit den Kuscheltieren Vater, Mutter, Kind. Und diese Welten stoßen dann im Business zusammen. Da muss was schiefgehen.

Warum tun Männer das? Weil sie's können. Weil sie sich schon als kleine Buben gemessen haben, wer mehr Regenwürmer schlucken oder weiter pinkeln kann. Weil das ihr Ansehen in der Gruppe bestimmt hat. Warum war der beste Fußballer an einer Schule höher angesehen als der beste Auswendiglerner? Weil er mehr Fans hatte. Spannend ist, dass die meisten Männer die so ausgependelte Rangfolge akzeptieren. Das ist hierarchiefördernd und rebellionsvermindernd. Irgendwie ziemlich schlau.

Wie können Frauen das nutzen? Eva hat das Karriere-Quartett beim nächsten Alumnitreffen ihrer Ex-Uni ausprobiert. Und sie musste feststellen, dass die großen Jungs nicht mit ihr spielen wollten. Sie haben einfach nicht zugehört, was Eva da von ihrer Bedeutung auf dem Exportmarkt erzählt hat und haben sie nur gefragt, ob sie verheiratet ist und Kinder hat. Manche Männerspiele sind noch nicht für Frauen unter 60 zugelassen. Eva hat sich aber trotzdem angewöhnt, bei Präsentationen »Namedropping« zu pflegen und ihre Expertise als promovierte Chemikerin rauszuhängen. Vielleicht nützt es wenigstens was bei Headhuntern im Quotenstress.

4. Hit and run

Situation: Eva erlebt einen heftigen Streit zwischen zwei Kollegen. Sie beschimpfen sich, sie schreien sich an, sie unterstellen sich finstere Machenschaften. Sie umtänzeln sich dabei wie Boxer im Ring. Eva, die laute Worte sowieso scheut, zieht sich ängstlich zurück. Eine Stunde später hört sie, wie die beiden sich verabreden: »Kommste noch mit auf ein Bier?« »Ja, klar, gerne.« Pack schlägt sich, Pack verträgt sich, hat ihr Vater immer gesagt, erinnert sich Eva. Und sie denkt, dass sie selbst vier Wochen mit einem solchen Rabauken nicht mehr reden würde, wenn er sie so angehen würde.

Was steckt dahinter? Jungs raufen auf dem Schulhof, Männer auf dem Schützenfest. Schon die alten Griechen haben beim Ringen ihre Kräfte gemessen. Und Asiaten beweisen ihren Kampfsportkontrahenten höchste Wertschätzung. Kämpfen ist normal. Und auch, dass man sich hinterher verbeugt und Respekt zollt. Dasselbe gilt für die Angewohnheit vor allem junger Männer, sich gegenseitig in die Rippen zu boxen, »Hey, Alter, wie geht's«? Männer haben mir verraten, dass sie das tun, um herauszufinden, wie stark die Muskeln des anderen sind.

Warum tun Männer das? Weil sie's können. Und weil viele keine Angst vorm Kämpfen haben. Sie nehmen ihren besten Freund in den Schwitzkasten, wenn es sein muss. Männer haben weniger Angst vor lautstarken Auseinandersetzungen. Wer wie ein Hirsch brüllt, zeigt seine Kraft und seinen Mut (Frauen sehen das ganz anders).

Wie können Frauen das nutzen? Manche Dinge sind nicht übertragbar: Oder boxen Sie mal einer Freundin freundlich in den Bauch ... Eva überdenkt aber seither ihre Empfindlichkeit, wie leicht sie sich kränken lässt. Und nimmt sich vor, Auseinandersetzungen etwas sportlicher zu nehmen. Ja, es gibt Interessenskonflikte auch zwischen Kollegen / Kolleginnen, die nicht gleich die ganze Beziehung in Frage stellen. Nein, man muss nicht jedes Wort auf die Goldwaage legen und darf auch mal aufgebracht und ungerecht sein. Und die Schnur ist nicht durchschnitten, wenn jemand die Contenance verliert. Man kann sich hinterher immer noch wegen des Tons entschuldigen.

5. Angeberroulette

146 **Situation:** Eva hat einen sehr selbstbewussten Kollegen. Jeden Tag sitzt er beim Chef und erklärt ihm die Welt. Eva wundert sich, dass der Chef sich das anhört. Und dann wird dieser

Kollege auch noch befördert. Eva ist sauer. Sie hat die wesentlich besseren Kunden, die wesentlich besseren Ergebnisse, aber sie hat niemand gefragt. Warum kommen Männer mit dieser Angeberei auf niedrigstem Niveau durch? Warum braucht es einen so totalen Mangel an Selbstzweifel, um Karriere zu machen?

Was steckt dahinter? Der Gorilla, der seinen Silberrücken-Chef am besten laust, ist sein Freund. Entschuldigung für diese Abweichung ins Tierreich. Aber ich glaube, man kann das vergleichen. Wer am lautesten tönt, ist am ehesten zu manipulieren. Wer sich unterwirft, ist gut zu führen. Wer den Chef bedient, bekommt den Platz an der Sonne.

Warum tun Männer das? Man könnte glauben, dass ein Vorgesetzter durchschaut, warum der Mitarbeiter sich so bemüht. Tut er auch. Das ist ihm immer noch lieber als die Mitarbeiterin, die sich nicht in die Karten schauen lässt und »alleine, alleine« signalisiert. Die Angewohnheit mancher Männer, sich ständig dem Chef zu präsentieren, ist eine Unterwerfungsgeste. »Du bist der Mittelpunkt meines Universums, oh, großer Meister. Vor dir will ich bestehen. Schütte deinen Korb der Gnade über mir aus.« Welcher Guru würde sich nicht über einen solch willfährigen Jünger freuen – und ihn gern zum Hilfsguru machen – vor ihm muss er wenigstens keine Angst haben. Es sind die Stillen, die die Säge schärfen und am Chefstuhl sägen. Und zu den Stillen gehören die Frauen. Oft haben sie die bessere Ausbildung, die besseren Ergebnisse, die besseren Erfolge – da muss man doch misstrauisch werden, wenn die nichts fordern. Was müssen die heimlich sägen!

Wie können Frauen das nutzen? Eva weiß gar nicht, wie sägen geht. Und sie begreift nicht, dass ihr Chef mit großem Misstrauen auf ihre Erfolge blickt. Wenn er sie wäre, würde er sicher versuchen, den Chefstuhl zu erobern. Männer können das gar nicht glauben, dass die fleißigen Lieschen sich an ihrer Arbeit freuen und mit einem Wort des Dankes fröhlich nach Hause gehen. Was kann Eva lernen? Klar, Sie wissen's schon: ›'s Maul aufmachen‹, wie man in Bayern sagt. Tue Gutes und rede darüber. Jedenfalls mehr als Eva es von Natur aus machen würde.

6. Vom Praktikanten-Anzug in die Vorstands-Suite

Situation: Maximilian, mit frischem BWL-Abschluss, ist seit drei Monaten Trainee in Evas Abteilung. Er läuft herum wie aus dem Ei gepellt: dunkler Anzug, weißes Hemd, Manschettenknöpfe, Krawatten in Pastelltönen, blankpolierte Budapester. Er soll Eva zuarbeiten, wird allerdings immer häufiger von Kunden und Kollegen als Ansprechpartner gewählt. »Das gibt's doch nicht!« Eva ist fassungslos. »Dieser Schnösel.« Woher wissen schon Trainees, wie sie sich zu geben haben? Eva selbst ist eher der unauffällige Typ.

Was steckt dahinter? Männer kennen sich mit Uniformen aus, egal ob Paradeuniform oder Blaumann. Sie stehen für Rang und Status. In vielen Geschäftsbereichen ist eben oft der dunkle Anzug Standard (man muss sich nur mal Fotos von wichtigen Versammlungen anschauen, viele Pinguine, dazwischen die Bundeskanzlerin in Orange).

Warum tun Männer das? Männer haben die Gnade des zweigeteilten Kleiderschranks: Links das Businesszeug, rechts die Freizeitklamotten. Morgens müssen sie nicht lange nachdenken, wonach ist mir heute? Anzug, gebügeltes Hemd, Krawatte, na da kann man schon mal mutig werden. Die meisten Männer kennen den Dresscode ihrer Firma, ihrer Abteilung und richten sich ohne Murren danach (die netten Kollegen mit den Hawaiihemden und den bunten Strickpullovern sind meistens die Betriebsräte). An ihrer Kleidung sollst du sie erkennen. Männer wissen in der Besucherdelegation auch auf einen Blick, wer da der Boss ist. Dies gibt verständlicherweise eine große Sicherheit. Die Rangfolge ist klar.

Wie können Frauen das nutzen? Eva hat einen großen Kleiderschrank mit vielen wunderbaren Sachen. Jeden Morgen stand sie bisher davor und hat nach ihrer Laune entschieden, was sie anzieht. Durch ihren Trainee ist sie zu einer anderen Strategie gekommen: Sie muss aussehen wie die Chefin und sie will es auch. Sie kleidet sich jetzt klassischer, eleganter als früher. Das heißt keineswegs immer dunkelblauer Hosenanzug. Sie hat sich einen Stil zugelegt, business-mondän, in dem sie sich sehr wohl fühlt. Aber ihr ist klar geworden, dass Männer schneller gucken als denken können. Sprich, dass sie auch bei Frauen auf Anhieb die Chefin erkennen wollen. Das verschafft ihnen Sicherheit. Und dann geht es auch Eva gut.

7. Wenigstens ein Halb-Marathon

Situation: Montagfrüh haben Eva und ihre Kollegen im Führungskreis immer Jour fix. Die erste Viertelstunde dreht sich nur um Sport. Nein, nicht wie früher um Tennis, Fußball oder Formel 1. Die Führungskraft von heute sportelt selbst. Natürlich gibt es einen Iron Man in der Runde, eine Aura des Superhelden umweht ihn. Der andere Kollege ist mit dem Rad von Hamburg nach Venedig gefahren und zeigt Fotos von seinen Blessuren. Eva wird schlecht. Die anderen bewundern Schrunden und Blasen. Also wenigstens ein Halb-Marathon muss drin sein, wenn hier jemand Karriere machen will.

Was steckt dahinter? Das Bild aus den Wirtschaftswunderjahren der beliebten, vertrauens erweckenden Wirtschaftslenker ist längst verblasst. Wer heute in die Chefetage aufsteigen will, muss topfit und muskelgestählt sein. Denn das bürgt für Disziplin und Askese, für die Bereitschaft, »die Extrameile zu gehen«. Hart gegen sich und brutal gegen andere, wie mein Vater zu sagen pflegte. Vertrauen ist gut, Unsicherheit ist besser für die Mitarbeiter. Und die Vorbereitung auf die Welt von morgen.

Warum tun Männer das? Männer in Chefetagen stehen unter ständigem Erfolgsdruck. Die Verweildauer in Unternehmen verkürzt sich, wir erleben das »Survival of the Fittest«. Männer passen sich dem Zeitgeist an bis zur Selbstaufgabe. Immer mehr Betriebsärzte erzählen mir, dass sich viele erfolgreiche Männer gar nicht mehr spüren. Sie brauchen die Härte und das Extreme, um sich überhaupt noch wahrzunehmen. Dazu kommt: Der Arbeitsdruck mit 24/7-Jobs braucht einen gestählten Körper, der sich keine Schwachheit erlaubt. Heute São Paulo, morgen Singapur, nur ein trainierter Körper übersteht die Strapazen.

Wie können Frauen das nutzen? Eva hat es aufgegeben, sportlich mit den coolen Jungs mitzuhalten. Sie joggt regelmäßig und es macht ihr auch Spaß zu laufen. Doch der Boston-Marathon ist kein Ziel für sie. Sie schafft es trotzdem, den Kollegen interessiert zuzuhören, ohne zynische Bemerkungen zu machen. Ab und zu erzählt sie von ihrem Engagement in einer Jugendgruppe. Und hat so sogar einen der Kollegen gewonnen, die Gruppe einmal wöchentlich als Lauftrainer zu begleiten.

EVA UND DER SÜSSE DUFT DES ERFOLGS

Kann Eva in diesen männlichen Strukturen Karriere machen, obwohl sie doch so »anders« ist? Warum nicht? In der Psychologie geht man von drei Grundvorstellungen aus:

In gewisser Weise ist jeder Mensch, so die Wissenschaftler
– wie alle anderen Menschen
– wie einige andere Menschen
– wie kein anderer Mensch.

Eva, die Frau, die für uns alle steht, hat viel mit ihren männlichen Kollegen gemeinsam. Das werden auch Sie immer wieder feststellen – hallo, wir alle sind Menschen. Wir können Spaß zusammen haben und miteinander Großes leisten. Wir können uns streiten und versöhnen, und gemeinsame Ziele verfolgen.

Eva, und mit ihr jede von uns, ist auch anders als ihre männlichen Kollegen. Sie denkt ein bisschen anders, sie fühlt ein bisschen anders, sie hat einen anderen Blickwinkel und eine andere Lebenssituation. Sie redet anders und sie fragt anders, sie entscheidet anders, und wahrscheinlich führt sie auch anders. Vielleicht teilt Eva mit einigen Männern die Abneigung gegen die Machtspielchen in der Abteilung. Vielleicht teilt sie den Wunsch mit einigen, dass die Besseren befördert werden sollten, nicht die Lauteren.

Eva, und damit jede von uns, ist auch einzigartig. Sie ist wie kein anderer Mensch. Damit gleicht sie übrigens den zehn Männern in ihrem Führungskreis. Denn von denen ist nach dieser psychologischen Formel auch jeder einzigartig:
- Einer ist Bayern-München-Fan
- Einer hört Wagner
- Einer hat ein behindertes Kind und geht deshalb Mittwochs immer früher
- Einer fährt Motorrad
- Einer wohnt mit seiner dementen Mutter in einem Haus
- Einer will unbedingt ins Ausland
- Einer ist von seiner Frau verlassen worden
- Einer baut gerade ein Bauernhaus um
- Einer wird demnächst in Elternzeit gehen
- Einer hat Angst, dass seine Alkoholsucht bekannt werden könnte

Eva ist eine von ihnen. Und sie hat eine Chance aufzusteigen in dieser Männerwelt, wenn sie nicht die »Frauenkarte« zieht und sich als permanent benachteiligt sieht. Natürlich wird sie auf dem Weg nach oben immer weniger Frauen antreffen. Aber wie schlimm wäre das für Eva? »Da oben« wird sie auch mit Menschen zusammenarbeiten. Und wenn viele Evas sich durchsetzen, wird sich auch »da oben« etwas ändern.

Sie kann es schaffen, wenn sie weiß, dass auch die Männer sich bemühen, Verbündete zu finden. Dass auch viele andere mit unguten Entwicklungen im Unternehmen unzufrieden sind.

Dass auch sie um ihre Motivation kämpfen und nach dem Sinn des Tuns forschen. Vielleicht reden sie darüber weniger als Frauen, mag sein. Ich verrate Ihnen etwas: Im Einzel-Coaching reden sie sehr wohl darüber.

Eva kann es schaffen, wenn sie als die Kollegin wahrgenommen wird, die Mozartopern liebt oder reitet oder eine sportliche Autofahrerin ist oder was es sonst noch für Attribute gibt, die nicht »typisch Frau« sind.

Denn Eva ist lediglich von Natur aus anders, nicht besser oder schlechter als ihre Kollegen. Eine Frau, die Erfolg haben will, sollte allen die Klarheit geben, dass sie selbstverständlich dazu gehört und kein Vorzeige- oder Ausstellungsstück ist, das man nach Gebrauch »wegstellen« kann. Übrigens: Auch die Männer auf ihrer Führungsebene sind anders, anders als andere Männer im Unternehmen. Und auch sie sind in Konkurrenz zu anderen.

Eva ist auch anders als andere Frauen. Denn nicht jede Frau stellt sich so ihren Lebenserfolg vor. Eva ist ehrgeiziger oder unambitionierter, überdurchschnittlich fleißig oder weniger forsch als andere Frauen. Sie hat es leichter oder schwerer, hat privat mehr Glück oder weniger. Ich wünsche Eva, dass sie eine Vorstellung ihres erfolgreichen Lebens hat und es schafft, dem Bild möglichst nahe zu kommen.

Denn dann wird sie diese Leichtigkeit spüren, die ein geglücktes Leben ausmacht. Sie wird die Schultern strecken und entspannt den Kopf heben. Sie wird den freien Blick auf ihr Leben richten und Verantwortung dafür tragen. Und sie wird den süßen Duft des Erfolgs genießen.

Dieses Buch ist daher für Frauen,

153

– die wissen, dass sie großartig sind
– die lieben und geliebt werden

- die ihr Leben nach ihren Vorstellungen verändern
- die sich und andere wertschätzen
- die sich zeigen und gesehen werden möchten.

Ich wünsche Ihnen ein wundervolles, erfolgreiches Leben: Ein Leben nach Ihren Erfolgsvorstellungen, in Ihrem Rhythmus und mit der höchstmöglichen Leichtigkeit. Ich wünsche Ihnen, dass Sie Ihre inneren Ressourcen kennen und nutzen können – damit Sie die Lösungen für sich finden, die Sie Ihren Zielen näherbringen. Ich wünsche Ihnen die Kraft, Dinge in Ihrem Sinn verändern zu können und die Größe, Herausforderungen anzunehmen, die Ihnen das Leben schickt.

Ihre Sabine Asgodom

ANHANG

Ihre Erfahrungen

Liebe Leserin,

ich hoffe, Sie haben einige Impulse für Ihre eigene Erfolgs-Strategie mitnehmen können.

Ich freue mich, wenn Sie mir von Ihren Erfahrungen berichten:

Sabine Asgodom
Prinzregentenstr. 85
81675 München
info@asgodom.de

Mehr Informationen über mein Parfum bekommen Sie auf
www.sweet-success.de

Informationen über meine Coach-Ausbildung bekommen Sie
auf www.asgodom-coach-akademie.de

Dank

Ich danke allen Frauen, die mir für dieses Buch ihre Geschichten erzählt haben. Darüber hinaus: Elke Opolka, die sich als Freundin, Energiequelle und Vor-Leserin bewährt hat; Siegfried Brockert, von dem ich gelernt habe, was ein geglücktes Leben ausmacht; meiner verehrten Lektorin Dagmar Olzog, der ich alle süßen Düfte des Erfolgs wünsche; Marine Bayoux von PCW, die »SweetSuccess« kreiert hat; Renée Müller-Nandrup und allen Teilnehmer/-innen der Asgodom-Coach-Akademie, die mich so zauberhaft auf meiner Buchschreibreise begleitet haben.

Literatur

Asgodom, Sabine: *12 Schlüssel zur Gelassenheit. So stoppen Sieden Stress.* Kösel, 6. Aufl. 2008

Asgodom, Sabine: *Reden ist Gold. So wird Ihr nächster Auftritt ein Erfolg.* Ullstein 2006

Asgodom, Sabine: *Greif nach den Sternen. Die 24 Erfolgsgeheimnisse für Glück, Geld und Gesundheit.* Kösel, 3. Aufl. 2009

Asgodom, Sabine: *Raus aus der Komfortzone, rein in den Erfolg. Das Programm für Ihre persönliche Unabhängigkeit.* Goldmann 2010

Asgodom, Sabine: *Lebe wild und unersättlich! 10 Freiheiten für Frauen, die mehr vom Leben wollen.* Kösel, 12. Aufl. 2013

Asgodom, Sabine: *Liebe wild und unersättlich! Für Frauen, die sich trauen, das Glück zu leben.* Kösel, 2. Aufl. 2008

Asgodom, Sabine: *So coache ich. 25 überraschende Impulse, mit denen Sie erfolgreicher werden.* Kösel, 5. Aufl. 2013

Asgodom, Sabine (Hrsg.): *Die Frau, die ihr Gehalt mal eben verdoppelt hat … 25 verblüffende Coaching-Geschichten.* Kösel, 5. Aufl. 2013

Asgodom, Sabine (Hrsg.): *Die besten Ideen für mehr Humor. Erfolgreiche Speaker verraten ihre besten Konzepte und geben Impulse für die Praxis.* Gabal 2013

Asgodom, Sabine / Brockert, Siegfried: *Das Glück der Pellkartoffeln: Vom Luxus der Zufriedenheit.* Kösel 2009

Beck, Martha: *Enjoy your life: 10 kleine Schritte zum Glück.* Piper 2012

Dweck, Carol S.: *Mindset: The New Psychology of Success.* Ballantine Books 2007

Brockert, Siegfried: *Positive Psychologie.* Kreuz Verlag 2001

Brockert, Siegfried: *Du sollst dich lieben. Das neue Menschenbild der Positiven Psychologie.* Bertelsmann 2002

Csikszentmihalyi, Mihaly: *Flow: Das Geheimnis des Glücks.*
Klett-Cotta 2010

Ehrmann, Max: *Die Lebensregel von Baltimore: Desiderata.*
Brunnen-Verlag 2013

Fredrickson, Barbara: *Die Macht der guten Gefühle. Wie eine positive Haltung Ihr Leben dauerhaft verändert.* Campus 2011

Fredrickson, Barbara: *Die Macht der Liebe.* Campus 2014

Haidt, Jonathan: *Die Glückshypothese: Was uns wirklich glücklich macht.* VAK-Verlag 2011

Hesse, Hermann: *Siddhartha: Eine indische Dichtung.*
Suhrkamp 2012

Peterson, Christopher / Seligman, Martin E. P.: *Character Strengths and Virtues: A Handbook and Classification.* OUP 2004

Roddick, Anita: *Die Body Shop Story.* Econ 2001

Schmid, Wilhelm: *Glück: Alles, was Sie darüber wissen müssen, und warum es nicht das Wichtigste im Leben ist.* Insel Verlag 2007

Schmid, Wilhelm: *Unglücklich sein. Eine Ermutigung.*
Insel Verlag 2012

Schmid, Wilhelm: *Die Liebe neu erfinden: Von der Lebenskunst im Umgang mit Anderen.* Suhrkamp 2010

Seligman, Martin: *Flourish – Wie Menschen aufblühen: Die Positive Psychologie des gelingenden Lebens.* Kösel 2012

Seligman, Martin E.P. / Brockert, Siegfried: *Der Glücks-Faktor: Warum Optimisten länger leben.* Bastei Lübbe 2005

Seligman, Martin E.P.: *Pessimisten küsst man nicht. Optimismus kann man lernen.* Droemer Knaur 2002

Über die Autorin

Sabine Asgodom ist Management-Trainerin, Rednerin und Coach. Laut Financial Times zählt sie zu den 101 wichtigsten Frauen der deutschen Wirtschaft.

© Constanze Wild

1999 gründete sie ihr eigenes Unternehmen *Asgodom live. Training – Coaching – Potenzialentwicklung* in München und 2013 die *Asgodom-Coach-Akademie.* Sie ist Herausgeberin des Internetmagazins *Coaching heute* und hat immer wieder Coaching-Sendungen im Fernsehen.

2010 wurde sie für ihr berufliches und ehrenamtliches Engagement mit dem Verdienstkreuz am Bande der Bundesrepublik Deutschland ausgezeichnet.

Sabine Asgodom ist Autorin von 30 erfolgreichen Büchern. Ihr besonderes Anliegen ist es, Frauen zu stärken und sie bei ihrer Potenzialentfaltung zu unterstützen.

Ihr eigenes Parfum SweetSuccess hat sie von französischen Parfumeuren für Frauen mit Anspruch kreieren lassen. SweetSuccess ist der Duft für Frauen, die wissen, dass sie großartig sind; die lieben und geliebt werden; die ihren Erfolg genießen; die sich zeigen und gesehen werden.

Sabine Asgodom: »Ich liebe diesen Duft, der Frische, Leichtigkeit und Genuss verbindet!«

www.asgodom.de